名古屋学院大学総合研究所研究叢書 34

フィリピンと日本

——戦争・ODA・政府・人々

Philippine-Japan Relations: War, ODA, Governments and people

Masaaki Satake

佐竹眞明 著

梨の木舎

フィリピンと日本——戦争・ODA・政府・人々

目次

フィリピンと日本——戦争・ＯＤＡ・政府・人々

はじめに

この本はフィリピンと日本との関係について、戦争、戦後賠償、政府開発援助（ＯＤＡ）、戦後の人流、現在の政権について、自分史的なものを入れてまとめたものである。そして、最後に現在のドゥテルテからマルコス政権へと変わった状況で、どのような展望が切り開けるのかを考えてみたい。

２０２１年11月衆議院議員選挙において勝利を収めた自民党・岸田文雄首相は第２次内閣を組閣した。その後、11月17日、フィリピン大統領ロドリゴ・ドゥテルテ氏と電話で会談した。国交回復（１９５６年）から65年を経て、日本は友人よりも近い兄弟の関係にある、とドゥテルテ氏は語った。アメリカ、中国とは日本と異なった関係を築いているフィリピン。日本は賠償、政府開発援助（ＯＤＡ）を通じての支援、インフラ政策で協力を受ける関係にあり、恩恵を与えてくれる存在である。会談でも、ドゥテルテ政権のインフラ・プロジェクト「ビルド、ビルド、ビルド」（建設、建設、建設）に対する支援、中国が進出を強める南シナ海情勢で緊密に連携していくこと（自由で開かれたインド太平洋の実現）、新型コロナの感染防止に相互に協力していくことが話し合われた。また、ドゥテルテ氏からは、平穏無事になんとか終わった東京オリンピック・パラリンピックへのねぎらいがあったという。

そして、２０２２年5月フィリピン大統領選挙で当選したフェルディナンド・（ボンボン）・マルコスJr.に対して、岸田首相が書簡を送り、また、電話で会談した。当選への祝意とともに、これまでの援助を続けることを約束した。それに対して、新大統領は対日関係がフィリピンにとって重要であること、協力を深化させ、２国関係を強化させていきたい旨、述べたと伝えられる。

国交回復を迎えてから、66年余り。敗戦後77年、２０２２年の現在、フィリピンのどこが変わったか。どこが変わらないのか。その中で日比関係に変化はあるのか。問題は多岐にわたる。要点だけを書きとめると、次のようになる。

戦争の被害――フィりピン人は戦争をどう見ているか。日本人をどう見ているか。日本人はどう考えたらよいか。

賠償はどう行われたか。

ＯＤＡ（政府開発援助）をどうみるか

日本への出稼ぎはどう始まったか。どう続いているか（送金経済）。
日本人との結婚はどう増えたか。

変わるフィリピン——ドゥテルテ政権のもとの経済成長
人権弾圧をつづけながらの高成長（ＢＰＯ、観光業）
出稼ぎ労働依存を続けなくてもよいほどの労働力不足
援助を授ける国　日本への震災支援

変わらないフィリピン——支配体制　汚職議員の復活／貧困
コロナ・ワクチンの確保——できない国産ワクチン

これらについて、できるかぎり漏れがないようにして、フィリピンと日本との関係をみていこう。

1 戦争

戦争の話

日本は日本を中心とした「大東亜共栄圏」の樹立をめざし、1920年代から進めていた中国侵略を完遂するため、石油、すず、ゴムなどの日本経済が生き延びるのに必要な資源を確保すべく、オランダ領東インド（現インドネシア）、イギリス領マラヤ（現マレーシアおよびシンガポール）を侵略しようとした。「大東亜共栄圏」とは、太平洋戦争（1941〜1945）時における日本の戦争スローガンである。日本を盟主（リーダー）にして、欧米勢力を排し、日本、中国、満州（1932年日本が占領した中国東北部）を中軸に、東南アジア、インド、オセアニアに及ぶ広範な地域を含めて、民族の共存・共栄を図ろうとしたものである。

当時、日本は中国を満州のみならず、上海も侵略し、反撃する国民政府と激しく対峙した（日中戦争）。他方、ヨーロッパではアドルフ・ヒトラー（1889〜1945）の率いるナチス・ドイツがオーストリアを併合し、チェコスロバキアにも侵略した。そして、1939年ドイツがポーランド侵略を開始すると、英仏両国がドイツとの戦争を布告した。やがて、ドイツが優勢となり、ヨーロッパで抵抗を続けているのはイギリスだけとなった。

他方、日本が「東亜新秩序」形成に向けて中国侵略を続けていることは、アメリカにとって、アジア・太平洋地域での自由な交易を阻害する行為であった。そこで、アメリカは1939年、日米通商航海条約の廃棄を通告した。こうして、日本は、アメリカにも依存していた軍需資材(石油、ゴム、ボーキサイト)などを確保できなくなった。

1940年、日本軍はフランス領インドシナの北部(=現ベトナム)を侵略し、同時に日独伊(伊=イタリア。当時、ムッソリーニ[1883~1945]が指導)三国同盟を締結した。対して、アメリカは航空機用ガソリン、くず鉄の対日輸出を禁じた。翌年、日本軍がフランス領インドシナ南部を侵略すると、アメリカは在米日本資産を凍結し、対日石油輸出を禁止した。このように、「ABCD包囲陣」(A=America, B=Britain, C=China, D=Dutch オランダ)に圧迫され、それを跳ね返すためには戦争以外に道はない、と日本の軍部は主張するようになった。日米交渉は決裂し、12月8日、日本陸軍がイギリス領マラヤを、日本海軍がハワイ真珠湾を攻撃した。太平洋戦争(日本政府は大東亜戦争と呼んだ)が始まったのである。

フィリピン侵略の経緯

フィリピンは1902年からアメリカの統治下にあり、1935年からは独立準備政府

（コモンウェルス）[1]が発足していたが、軍事的にも経済的にもアメリカに強く依存していた。日本はオランダ領東インド、イギリス領マラヤを侵略しようとしていた。石油、すず、ゴムなどの重要資源を独占するためであった。その輸送路に位置するのがフィリピンであり、米軍が駐留していた。日本がアメリカをアジアから駆逐し、南方の資源を確保するにはフィリピンのアメリカ軍を退けなければならない。こうして、日本がアメリカ、イギリス、オランダと戦争を開始したため、フィリピンは戦争に巻き込まれることになったのである。

戦争の状況を年表風に記すと、次のようになる。

１９４１年12月８日　真珠湾攻撃の４時間後、日本軍はフィリピンのクラーク空軍基地を空爆。ダバオ、バギオ、アパリも空襲した。

12月27日　１９３５年にコモンウェルスの米軍軍事顧問に就任、１９４１年には極東アメリカ軍（ユサフェ）総司令官に就任していたダグラス・マッカーサー（１８８０～１９６４）はマニラを非武装都市と宣言、明け渡し、自らの軍をバタアン半島へ撤退させた。

１９４２年　１月２日　日本軍、マニラ占領。３日には日本軍政を施行。

４月　比米軍降伏。直後、日本軍はフィリピン、アメリカ兵をバタアン半島で炎天下、60㎞歩かせる。フィリピン兵１６０００人、アメリカ兵１２００人が死亡。「死の行進」

（1）フィリピンの独立準備のための暫定政府。1935年発足。1946年にアメリカからの完全独立を目指していた。

とよばれた。

１９４３年11月　フィリピン人ホセ・ラウレル（１８９１〜１９５９）を大統領とするフィリピン共和国が発足。日本軍は抗日ゲリラへの対応、物資欠乏に悩まされ、離反する民心をつなぎとめようとした。日本軍政は終了したが、日比間に同盟条約が結ばれ、日本軍はフィリピンを占領し続けた。両国が「大東亜戦争を完遂するため、政治上、経済上、軍事上緊密な協力をする」ことがうたわれた。フィリピン人の徴兵はまぬかれた。

１９４４年10月　オーストラリアからマッカーサーが率いたアメリカ軍が苛烈な戦闘を制し、レイテ島に上陸。

12月　フィリピン人の義勇隊、愛国同志会（マカピリ）が結成。日本軍に協力した。

１９４５年２月　アメリカがマニラを奪還。攻めるアメリカ軍、守る日本軍射撃に挟撃されたフィリピン市民多数が死亡。

８月　太平洋戦争終結　日本本土で玉音放送（天皇の敗北宣言）。

９月　比島方面日本軍総司令官・山下奉文《ともゆき》（１８８５〜１９４６）、北部ルソンでアメリカに降伏。１９４６年７月４日　フィリピン共和国独立。アメリカの庇護の下、経済・軍事援助を受ける。

こうして、３年10か月に及ぶ日本のフィリピン侵略は終わった。その詳細は類書

（鈴木静雄・横山真佳編著『神聖国家日本とアジア‐占領下の反日の原像』、勁草書房、1984：津野海太郎『物語・日本人の占領』朝日新聞社、1985：中野聡『東南アジア占領と日本人―帝国・日本の解体』、岩波書店、2012等）を参照されたい。

ここでは次のことを言っておこう。独善的な「大東亜共栄圏」をフィリピンなどアジアに押し付けて、共存共栄といいつつ、労働徴用、「慰安婦」などでアジア各地の人々を狩り出す。さらに、抗日ゲリラを殺すだけでなく、その疑いのある人まで問答無用で殺害する。日米決戦の場では、巻き添えを食って何万人ものフィリピン人が殺されている。

日本軍の死傷者が10万人、在留邦人の死傷者も数万人。これに対して、フィリピン人の死者が110万人を超えた。また、巻き込まれた人が100万人以上いた。飢えで死んでいった人が多かった。

戦争を振り返って、日本軍が英、仏、米、蘭の勢力を排したといっても、日本軍が敗れた後は再び英、仏、米、蘭の勢力が入ってきて、植民地再占領が起こっただけである。フィリピンのように翌年に独立した例はあったが、それぞれが独立戦争を改めて戦い、インドネシアは1949年、ベトナムは1949年、カンボジアは1953年、ラオスは1949年、インドは1947年に独立している。それぞれの国の人々が自力で独立を勝ち取ったのである。

筆者の目撃談　鍛冶屋のおじいちゃん

1986年、私がフィリピン・バタンガス州に市場《いちば》調査で滞在していた頃の話である。州都バタンガス市でバタンガス州立病院の近くで、私は病院で看護師長として働いていたパトリシア・ロサレス（Ms. Patricia Rosales）さんのお宅に居候させてもらった。食品、雑貨、服、食べ物屋が所狭しと並ぶ市場はモール全盛の現代と比べ、地域の経済の中心だった。フィリピンに来る前に、地域の経済が一目でわかるので、まず市場を訪れたほうがいいといわれた。ある日の調査帰り、道路脇に鍛冶屋さんがあった。中からカーン、カーンと刃物をたたく音が聞こえてきた。そこで出会ったのが、鍛冶業を営むフリエト・カタパン Julieto Catapang 君だった。当時、彼は20代後半で、父は州内の町ロボ Robo で、鍛冶屋をやっており、家を出て、この町で鍛冶業を営んでいた。

ある時、鍛冶屋でカタパン君と話をしていると、奥からおじいちゃんが出てきた。80歳を過ぎているが、ここで孫夫婦と暮らしている。私をじーと見て、それから目から涙があふれてきた。フィリピン語で何か話している。けれど、当時の私の乏しい語彙力では理解できない。

おじいちゃん、もういいでしょ、という感じでカタパン君が抱え込んで、奥に連れていく。彼から事情を聴いた。おじいちゃんは戦争中、鍛冶屋をしていた。そのため、抗日ゲリラの武器（農民の長い鉈）を修理し、彼らに武器をつくっているのではないか、と日本兵に疑われた。両手を身体の後ろでしばりあげられて、逆さに吊り下げられた。頭を水の入ったドラム管に入れられ、白状しないか、と拷問された。だから、今でも日本人をみると頭に血が上り、その時の様子が思い出されてしまうという。

これをきいて、若者（29歳だった）に対し、戦争中のことを責任をとれというのは無茶であると感じた。悪いとは思ったが、直接の責任はないのだと思った。

バタンガスのリパ

これも市場の調査をしていた頃である。ある時、バタンガス州リパ市のコーヒー農園を訪ねたいと、居候先のフェリーノ・ロサレス氏 Mr. Felino Rosales に聞いた。ロサレス氏は州内の町イバアン Ibaan の病院長を務めていたが、定年で退職して、州立病院近くに住んでいる地の利を生かして、看護師を対象として下宿の経営をしていた。前に登場したパトリシアの夫である。

氏は言った。「マサ、リパでは気をつけろよ。日本兵が住民虐殺を繰り拡げたところだ。日本人だとわかると殺されるかもしれない。身元を悟られるものは持って行かない方がいい」とアドバイスをくれた。

その数日後、私はリパにコーヒー農園を訪ねて、コーヒー豆の種類などを聞いてきた。ロサレス氏は子どもの時の体験を話してくれた。日本兵の中にはいい人もいた。日本人はお湯をドラム管で沸かしてお風呂に入っていた。その上「見よ、東海の空あけて、極日高く輝けば(2)」と日本語で軍歌を歌ってくれた。日本人である私に気を使ってか、日本人の悪口は言わないで、よい思い出ばかり話してくれた。

日本軍は占領当初から、「…我々の占領目的はアメリカのくびきから解放し、自由かつ平和な国家を諸君が建設することを援助するためである。しかし、諸君が…日本軍の敵を助けた場合には、敵対行為として厳重に処罰する」というチラシを市民に配布した。占領下のフィリピンでは憲兵隊（治安、防諜を任務とする軍の警察）が情報提供者を養成し、市民生活を監視した。住民は抗日ゲリラ、またはその支持者とみなされると即座に連行され、拷問のうえ、処刑された。マニラのサンチャゴ要塞にあった憲兵隊総司令部では、連行された住民に様々な拷問を加えた。

そして、マニラでは１９４５年２月、セント・オーガスティン教会、マニラ北墓地、マニラ・ホテル近辺、セントポール大学、ラ・サール大学で集団虐殺が行われた。建物の中

(2) 1937 年に内閣情報部が国民公募した「愛国行進曲」の１節。２番には「起《た》て一系の大君《おおきみ》…八紘《はっこう》を宇《いえ》となし…」とするなど、日本軍の戦意高揚に使われた。

に住民を入れて、ダイナマイト、銃剣、軍刀を使う、あるいは射殺の方法がとられた。同時期、抗日ゲリラに手を焼く日本軍は「思い切りやってしまえ。後世の人間が世界戦史をひもといた時、全員が鳥肌立つような大虐殺をやってみせろ」(藤重正従大佐の言。友清高志『狂気 - ルソン住民虐殺の真相』徳間書店、1983、86頁)とばかり、バタンガス州リパ、バウアン、ケソン州インファンタなどでも虐殺を行った。リパでは通行証を渡すと言って住民をだまし、村人多数を連れ出し、銃剣で刺し殺し谷底は死体の山で累々となった。バタンガス州だけでも殺された人は15000人に達するといわれる。

バウアン町で

1987年10月から1988年3月にかけては、バタンガス市でロサレスさん経営の下宿に泊まり、近隣のバウアン町まで、ジープニーで20分余りかけて、鍛冶屋調査に出向いた。バリオ・パンダヤンBarrio Pandayanという地区(フィリピン語で「鍛冶屋村」の意味)が町役場の目と鼻の先にあった。バリオ・パンダヤンには鍛冶屋が25件余りあった。カーン、カーンと金属をたたくハンマーの音が朝から夕刻まで鳴り響く。鍛冶屋を1軒1軒インタビューして回った。

みんな忙しいのに、その場で作業をしながら、インタビューに応じてくれた。または今忙しいので、明日来てくれ、と言われ、比較的簡単に約束がとれる。事前にパンをいくつか買って、インタビューに応じてくれた人にお礼替わりに渡した。みんな、打ち解けてくれる。この国は知らない人に手を差し向ける文化があるようだと感じた。

ところが、1軒だけ、応じてくれない鍛冶屋があった。親方は老齢の方で、家をノックすると、ドアを少し開けて、だめだと言う。どうしてだろう。

他の経営者に聞くと、日本軍が戦争中、あの家の人も含めて、町の人を教会に閉じ込めて、ダイナマイトを仕掛け、皆殺しにしたのだという。あの鍛冶屋の父親はその犠牲者なのだという。バウアンの教会爆破事件は本当にあった話だ。町の戦争記念碑にもその旨が書かれている。

「1945年2月28日の朝、荻野舜平司令官の下、日本の部隊はバウアンの人々をカトリック教会の中に集めた。そして、健康な身体の持ち主の男は逮捕され、教会の広場の横の大きな民家に集めた。全員が民家に入ると、ドアにカギをかけられ、ダイナマイトで爆殺された。爆発を逃れた男たちは銃剣で殺された。萩野司令官は町全体で物を盗み、焼き尽くすように部下に命令した。200名以上の男が殺され、3軒だけが残った。[3]」

そんな虐殺があった場所とは知らないまま、私は鍛冶屋の調査をして、調査論文、そして学位論文を書き、本を書いた。[4] 別の高齢の職人は鼻歌で「見よ　東海の空あけて、旭日

(3) Bauan, Batangas History, http://www.wowbatangas.com/towns-and-cities/bauan-batangas-history; http://blog.bridgeforpeace.jp/?eid=1489450（佐竹訳）、2020年11月30日閲覧。

(4) 佐竹眞明「フィリピンの家内工業―バタンガス州バウアン町の鍛冶業」『アジア研究』第34巻第4号、1993、59-82頁。＿＿＿『フィリピンの地場産業ともう一つの発展論』（博士論文）、上智大学外国語学研究科国際関係論専攻、1997. ＿＿＿『フィリピンの地場産業ともう一つの発展論　鍛冶屋と魚醤』明石書店、1998.

高く輝けば…」と日本語で軍歌を歌ってくれた。その方は私に対して、日本について、悪いことを言わなかったが、胸中は複雑だったのではなかろうか、と今となっては思う。

従軍慰安婦　慰安婦像の撤去

２０１７年12月、民間団体のTulay Foundationトゥライ財団（華人系）がフィリピン歴史委員会の許可をもらい、支援を受けて、マニラ湾沿いのロハス大通りに「慰安婦像」を設置した。「慰安婦」問題というのは、後述するように、太平洋戦争中、日本軍が性病の予防、および日本兵による戦時強姦を防ぐ目的で、「性」を管理すべく、占領した各地に「慰安所」をつくり、そこに、日本人、朝鮮人、アジアの女性、インドネシアでは捕虜となったオランダ女性を働かせた問題である。特に朝鮮の女性、アジア占領各地の女性、オランダ女性を無理やり慰安所で働かせた、つまり、女性たちを連行あるいはだまして連れ出して、監禁して、日本軍兵士の性の相手をさせるという非人道的な制度である。そこで使役された女性は日本兵にとって、「慰安」行為をしたために慰安婦と呼ばれる。軍に従って「慰安」をしていたという意味で「従軍慰安婦」と呼ばれていた。(5)

「慰安婦」像はフィリピンの伝統的なガウンをまとい、腕をロープでつながれ、何かを訴えるような顔をしている女性である。しかし、２０１８年3月、フィリピン公共事業道

(5) 吉見義明は「『従軍慰安婦』とは日本軍の管理下におかれ、無権利状態のまま一定の期間拘束され、将兵に性的奉仕をさせられた女性たちのことであり、『軍用性奴隷』とでもいうしかない境遇に追い込まれた人たちである」という。『従軍慰安婦』、岩波新書、1995. 11頁.

路省が地域の下水工事のため、夜ひそかに撤去した(6)。

フィリピン政府はそれまで、その像の存在を知らないと述べていたが、ロドリゴ・ドゥテルテ大統領は国の方針として、どの国の感情をも損ねないため、記念像は撤去されねばならないといった。どこか、個人の場所に建てるべきだという。日本政府はフィリピン政府に像の撤去を求めていた。これに対して、フィリピンの新聞はこう疑問を呈した。「慰安婦」像の撤去は、日本政府が財政的支援をフィリピンに対して、送るというジェスチャー故に 過去を許し、奴隷根性を示し、感謝を占めす行為だったのだろうか、と。フィリピン政府は主にインフラ支援のため、2017年、12億6000万ドルの支援を日本政府から取り付けた。そして、20の日本企業が60億ドルに及ぶ18の仮契約書にサインした。その分野はアグリビジネス、情報コミュニケーション技術、インフラなどにまたがる。だからと言って、そんな利権行為に対して、女性たちの名誉と戦争中の悲惨な体験を交換するとは言っていない、身売りは認めない、とフィリピンの新聞は主張する(7)。

一時流行した言葉を使えば、日本政府の立場を忖度《そんたく》して、フィリピン政府は撤去に応じたのではないか。マニラの日本大使館はそれまでにマニラ市役所、フィリピン歴史委員会、フィリピン外務省に抗議に出向いている。ちなみに2017年大阪府は慰安婦像設置を理由にサンフランシスコ市との姉妹都市協定を終結した。また、韓国の蔚山にある日本領事館前の慰安婦記念像を撤去するように、日本政府は韓国政府に要請している。

(6) まにら新聞 2018/4/29。
(7) 'The missing statue' *Philippine Daily Inquirer*, 3 May 2018.

「従軍慰安婦」との出会い

私がフィリピンでの「従軍慰安婦」の存在を知ったのは1992年頃だった。1991年、元「慰安婦」であった韓国人、金学順（キム・ハクスン）さんが名乗り出て、実体験を語った。その上で、アジア各国の女性も名乗りでてほしいと述べた。それを受けて、フィリピン女性団体が自国でも似たケースがあるはずだということで「フィリピン人元慰安婦調査委員会」を結成、母国の事例を探った。1992年9月、マリア・ロサ・ヘンソンさん（当時65歳）が自ら「慰安婦」であったことを涙を流しながら告白した。(8) すると、その後に続々とフィリピン女性が現れた。1993年4月に18人、10月に10人が日本政府に公式の謝罪と補償を求めて、東京地方裁判所に訴えた。

1993年9月マニラで、調査委員会（Lila Filipina）の代表ネリア・サンチョさん（当時42歳2022年9月逝去）に会い、ロラ（おばあちゃんの意味）と一緒に年明けに四国を訪れ、話をしてほしい旨お願いしたところ、承諾をいただいた。戦争中のアジア女性の歴史を知るとともに、現代の在日フィリピン女性の問題を考える集いを1994年1月、香川の住民団体「HRA の会」（HRA = Human Rights in Action）主催で開くことになった。四国学院大学における私の担当授業「国際社会論」とケニア出身ゴードン・ムアンギ先生の授業「平和学」でも話をしてもらうことになった。

(8) Philippine Daily Inquirer, 19 September 1992. 及びマリア・ロサ・L. ヘンソン著『ある日本軍「慰安婦」の回想』、藤目ゆき訳、岩波書店、1995 年。

その時の話はこういうものだった。パナイ島のロシータ・ナシーノ（１９９４年当時65歳）は１９４３年、16歳の時、日本軍に家族を殺され、祖母の家に難を逃れる途中、５人の日本兵につかまり、慰安所に連れていかれた。その後1年半、慰安所で他のフィリピン女性と、日本兵の性の相手や炊事、洗濯をさせられたという。抵抗したため、銃剣で太ももを刺されたとも聞いた。「毎日、神に祈り、死にたいとさえ思った。このような悲惨な出来事が実際に、しかも無数のフィリピン女性に対して行われていたことを日本の人々に知ってほしい。そして、若者には2度と戦争を起こさないでほしい」とロシータさんは語った。隣に座って、私はフィリピン語を日本語に訳した。フィリピン語を理解する日本人は男の私しかいない。いやな思い出でも話してくれるロシータさんの気持ちが伝わってくる。「日本軍に強制的に慰安婦にされた。公正な法の裁きを受けられるように、支援してください」と彼女は言った。

一方、ネリアさんは言った。「元慰安婦は高齢になり、一刻も早い個人への謝罪と補償が必要です。日本政府は彼女たちが死ぬのを待っているのか。人間としての権利を求める元慰安婦の主張は、皆さんの権利を守ることにもつながるのではないか。」と。(9)

横道にそれるが、ネリアさんは高齢になった元「慰安婦」の福祉を優先順位の1位にあげていた。１９９５年日本政府が事務局創設費、運営費を賄い、元「慰安婦」女性への給

(9)『朝日新聞』1994 年 1 月 15 日、『四国新聞』1994 年 1 月 16 日.

付は個人や民間企業からの寄付に依存する「アジア女性基金」（以下基金）をつくった時、女性が給付を受けることに反対はしなかった。つまり、基金からの給付をうけるかどうかは、女性たちの判断次第だと考えた。事務局創設、運営費は政府予算で、給付の原資は国民の寄付とする基金のやり方に対して、韓国やフィリピンから、これは国家による補償とは言えない、という声が挙がった。そして、フィリピンでは給付を受けることをよしとするネリアさんたちと受けることを拒み、あくまで国家補償を求めようとするインダイ・サホールさんたちのグループとに分かれた。

確かに、論としては給付を拒み、裁判を通じて国家補償を求める方が一貫している。だから、私がのちにネリアさんと親交があるというと、「女性国際戦犯法廷」（後述）のメンバーの方（日本人女性）はいい顔をしなかった。しかし、給付を受け、さらに裁判を通じて国家補償を求めるという方針の方が、元慰安婦の高齢を考えると、現実的かもしれない[10]。

実際には国家補償を求める裁判は最高裁まで行ったが、いずれも訴えは通らず、2003年に最高裁で控訴棄却となった。

2016年スタディ・ツアー

それから13年たって、2016年9月、私は勤務する名古屋学院大学の「国際協力実践

(10) アジア女性基金は、インダイ・サホールさんたちの「マラヤ・ロラズ」（自由なロラ＝おばあちゃん）のグループも2000年に基金の支援を受けることを決定した、と述べている。https://awf.or.jp/3/philippine-03.html 2020年12月15日閲覧）

論」の授業で、受講生とともにLila Pilipinasを訪れた。予定では戦争に関連する項目はスタディ・ツアーには含まれていなかった。事前学習で、太平洋戦争中のフィリピンを描いた『踏みにじられた南の島』(11)を見せたところ、学生たちが戦争に関連する団体を訪れたい、と申し出たのであった。そこで、急遽 Lila Pilipinasを訪れたいと、友人のハリエット・エスカーチャさん（後述）にお願いして、訪問が実現した。Lilaの代表はレチェルダ・エクストレマドイラさんに代わっていた。

ナルシサさん（写真奥、左から３人目）の話を聞く
2016年8月21日

おばあちゃんが4人も集まってくれたが、いずれも80代になっていて、時の流れを感じさせる。うち、ナルシサ・クラベリアさん（87歳）の話を聞いた。

１９４３年、彼女が14歳の時、アブラ州サン・ファンの町で、ある日突然日本兵が来て、父がどこにいるか、と聞かれた。一緒に探して、父、日本兵と一緒に家にもどると、子どもは何人いるのか、と聞いてくる。８人いるが、１人は別の所へ行っているというと、日本兵は怒って、父をロープで家にしばりつけた。銃剣で皮膚をはがし、拷問した。母は日

(11) 1993年制作、『NHK戦争アーカイブス』でアクセス可 https://www2.nhk.or.jp/archives/shogenarchives/bangumi/movie.cgi?das_id=D0001200006_00000.

本兵に強姦され、幼い弟、妹の2人は殺された。ナルシサさんも兵士に傷つけられた。その後、連行される途中で、振り向くと、日本兵が火を放ち、村が燃えていた。こうして、父、母、弟、妹を失った。

軍の駐屯地では昼間は料理を作ったり、洗濯をさせられた。夜になると、日本兵に強姦された。今でも強姦した兵士の名前を憶えている。姉に駐屯地で会ったが、ひどいやけどの痕があったので、どうしたの、と聞いた。すると、日本兵にたばこの火や、揚げたてのサツマイモを身体に押し当てたりされたのだという。お姉さんは今でも、時々発作状態になる。幸い生き延びることはできたが、ナルシサさんはこの出来事を今も忘れられないという。

他のロラも含めて、体験者は日本政府に謝罪してほしいこと、歴史教科書に自分たちのことを載せてほしい、事実を伝えてほしい、と訴えていた。

学生たちの反応はどうか。ある学生はこう書き綴った。当時の人がやったのだから、関係ないと思っていたが、話を聞いて変わった。二度とこのようなことが起きないことを祈るばかりである。(12)

ロラたちの体験談は直接には2016年に聞いたきりである。それから、2022年の今でも状況に変わりはない。いや、時間がたつにしたがって、女性たちは年を取り、そし

(12) 野田健斗「忘れてはいけない戦争」佐竹眞明・佐伯奈津子監修、学生編集委員会編集『2016年度フィリピン・スタディツアー報告書 Republic of the Philippines ～知っているようで知らなかったフィリピン～』名古屋学院大学国際センター発行、2017、32 頁.

て、死を迎えてしまう[13]。

国家が補償を行うのが当然だと思う。韓国、フィリピン、中国、台湾、その他の国の女性に対して、国家の予算を用いて、補償基金をつくり、補償をしていく。合わせて、国家による謝罪の文書を添える。そうした実務を担う「新アジア女性基金」（仮称）事務局を政府がつくるべきである。今度は補償の資金も予算から捻出すべきである。補償のための資金を国民や企業の寄付に基づくのではなく、あくまでも国家予算から捻出する。この点、１９９６〜２００７年に日本政府が行った「アジア女性基金」とは異なる。こうすることで、国家による補償を貫徹する。国民、企業の寄付を募ってもいいが、それに依存することなく、政府の予算を割り当てることが国家補償の原則だ。

それでは、太平洋戦争をどう認識したらよいだろうか。

天皇明仁の言葉

２０１６年1月26日から30日まで、先代天皇明仁《あきひと》（今の上皇）がフィリピンを訪問した。第2次世界大戦において、日本がフィリピンを占領し、多大の被害を与えたことに対して、「私どもはこのことを常に心に置き，この度の訪問を果たしていきたいと思っています」。出発前の羽田空港で発言した。

27日には無名戦士の墓と「比島戦没者の碑」で追悼した。その夜、ベニグノ・アキノ大

(13) 2016年、証言を聞かせてくれたLILAの事務局代表リチェルダ・エクストレマドゥーラさんが2022年8月逝去された。

統領主宰の晩さん会で明仁はこう述べた。

昨年私どもは，先の大戦が終わって70年の年を迎えました。この戦争においては，貴国の国内において日米両国間の熾烈な戦闘が行われ，このことにより貴国の多くの人が命を失い，傷つきました。このことは，私ども日本人が決して忘れてはならないことであり，この度の訪問においても，私どもはこのことを深く心に置き，旅の日々を過ごすつもりでいます。

この発言や訪問に関しては、当時の安倍晋三首相がタカ派の立場から日本の安全保障を盾に、安全保障関連法案を強行採決した（２０１６年）のに対して、戦争を贖罪するハト派の天皇らしい、と評価されている。(14)

しかし、事実認識として、「お言葉」には誰が戦争を行ったか、つまり「日本兵、米兵により」という事実が抜け落ちている。加えて、父親（昭和天皇）が指揮した戦争でこうなったことに対して、「私どもが忘れてはいけない」として、「私ども」つまり日本人の中に自分を隠している。正しくは「私個人も忘れてはいけないし、戦争を起こした国の人間として、日本人全体が忘れてはいけない」とすべきだったろう。「私ども」―賠償金を払い、「援助」も行ってきた日本という言葉―を多用しすぎている。また、謝罪の言葉を述べれ

（14）天木直人「安倍首相に猛省を迫った天皇陛下のフィリピン訪問」https://foomii.com/00001/2016012807350131169　2021年3月17日閲覧。

ば、ホスピタリティ（おもてなし）の国のフィリピン人から、批判されることはないだろうという防護線が敷かれている。

許せるかもしれないが、忘れない。

この時、天皇明仁の言葉を聞いて、フィリピン大学名誉教授のランディ・ダビッドさん（76歳）はこう述べた。「友情のために許せるかもしれない。しかし、起きたことは忘れることができない」と。

ランディさんと呼んだのは敬意と親しみを込めてである。1990年に龍谷大学に留学に来ていたランディさんが四国学院大学で講演する時に同大の横山正樹教授（当時）から通訳を頼まれた。それをいいことに2003年フィリピンで本を出版した時[15]に本の前書きを書いていただいた。それから、日本の研究者の集まり「フィリピン研究会」で2015年に来日した際にも静岡県立大学でお会いして、旧交を温めた。なお、彼は1989〜1999年に、フィリピンのテレビで放映されたス

ランディさん（右）と2015年　静岡県立大学にて

（15）*People's Economy-Philippine Community-based Industries and Alternative Development,* Literary Society, Shikoku Gakuin University and the Solidaridad Publishing House, 2003, 274 p.

タジオ討論番組『パブリックフォーラム』の司会者としても知られている。フィリピンでも日本でも尊敬される社会学者である。日本の思想の中では、右翼が太平洋戦争について、「大東亜戦争肯定論」のように危険な回顧をしていることを知っている。しかし、自分の生まれた年より1年前に、戦争という、これほど悲惨なことが起きたなんて、信じられない、そして、第二次大戦の体験を伝える本をいくつか読んだことを挙げた上で、こう言う。

我々は戦争を思い出し続ける。たとえ、これを許し、友情のために無視することにしても、許すことに道徳的意味をもたせるために。[16]

ティトさん（右）と　2006年名古屋・白鳥庭園にて

これと同じことを友人のティト・バリエンテ（65歳）から聞いた。彼は1980年代に日本の文部省（当時）の奨学生として、東京の立教大学大学院で勉強していた。私は上智大学の院生だったが、当時、上智にフィリピン研究者がいなかったため、立教大学で教鞭をとっていたフィリピン農村研究の梅原弘光先生（2003年に定年退職）の演習授業に潜りこんでいた。そこで梅原先生に指導を受けるティトさんと友人になった。現在、

(16) 'The Japanese Emperor's visit', *Philippine Daily Inquirer*, January 24, 2016.

アテネオ・デ・ナガ大学ビコール歴史文化研究所所長であり、アテネオ・デ・マニラ大学非常勤講師を務める。また、*Manunuri ng Pelikulang Pilipino*（「フィリピン映画批評家連」。1976年開始。独立系映画の賞Gawad Urianを毎年認定）メンバーとして、映画批評も行っている。

2007年、名古屋学院大学の学生たちをアテネオ・デ・マニラ大学に連れて行った時、「映画論」の授業で、日本占領時のドキュメンタリーを見せられた。日本兵がフィリピン人を殺戮する場面があった。フィリピン人の生首をもって得意げな顔をする日本兵もいた。映画が終わって、ショックで言葉が出ない日本の学生に対して、ティトさんは「許すことはできるが、忘れられない戦争だ」と語った。聞いた学生はフィリピン人の心の広さが伝わったという。日本政府がフィリピンに正式に謝っていないことを知り、日本人としてとても複雑で胸が熱くなったという(17)。

その後、彼から額縁に入った日本の軍票をいただいた。軍票とは日本占領時に軍政が紙幣として、流通させたものだ。戦前の通貨供給量が約3億ペソだったのに、軍票は65億ペソも発行され、インフレを加速させた。物資欠乏と相まって、物価が1000倍に上昇したという。戦争を忘れてほしくないという彼の思いが伝わってくる。

同じメッセージが日本の占領後期を描いたベニート・レガルダ著、『占領─後年記』）に

(17) 石井紀之「アテネオ・デ・マニラ大学」佐竹眞明・和田幸子監修『フィリピン研修報告書2007』、名古屋学院大学国際交流センター、2008、18ページ。

も出てくる。[18] マニラ市街戦の死傷者を追悼するメモラーレの像建立の記念式典（2007年2月）で、ミゲル・ペレス・ルビオ（コラソン・アキノ政権で儀礼官）はこう述べた。彼はビト・クルスに住む家族が日本兵によって惨殺された。「戦争を忘れるのはとても難しい。けれど、戦争を記念することは前進するために、とても良い機会になる。」

これに対し、著者のベニト・レガルダはこう語る。「そうだ。私たちは過去を振り返り、その後を考えなければならない。そして、私たちは許さねばならない、しかし、決して忘れまい。私たちは戦没者のために、その苦しみの記憶を受け継がねばならない。歴史においてそれは重要な時期であり、それを小さく扱ったり、無視したりすることは自分を騙すことである。歴史家、著述家は国や人々がどんな運命をたどったのか、学生が理解できるように十分知識を増やすべきである。」（二四七ページ）

フィリピン人のみならず、日本人にも向けたメッセージと言えよう。授業、スタディツアー、その他なんでも機会を利用して、歴史認識を深める努力をしなければなるまい。

認識義務　母の被害体験

日本人には認識義務があると思う。その際、戦争によって被害を受けたという戦争被害論だけでなく、日本が迷惑をかけたという加害者論も必要である。

(18) Benito Legarda, JR., Occupation: The Lafter Years, Filipiana. net, a division of Vidal Publishing House, Inc. 2007.

例えば、2001年に亡くなった私の母は東京大空襲を生きのびた。1945年3月10日、首都（帝都といわれていた）が米軍のB29に空襲され、焼け野原になった。この日の死者は10万人、被災者は100万人以上といわれる。当時、東京・本所の緑町で、茶・海苔を商っていた母の実家は焼夷弾のせいもあり、あたり一帯の家ともども消失した。空襲の夜、母は父（私の祖父）、母（私の祖母・先妻）に連れられ、姉、兄、弟（私の伯母、伯父）とともに、町の中を逃げ惑った。1923（大正12）年9月生まれの母は21歳で、女学校（東京、第三高等女学校。現在の都立深川高校）を卒業して、住友銀行（当時）の浅草支店に勤めていた。周囲は焼け野原で、燃えたものが人の背より大きくなり、丸くなり、火の玉になって道をゴロンゴロン移動していたという。家族もろとも堀に入り、息を大きく吸い込んで、頭から水につかり、難を逃れた。

戦争中はサツマイモばかりを食べ、いやになったという。米は高くて買えなかったからだ。夜はモンペ（股引に似た女性用の作業着。戦争中は女性の標準服として、半ば強制）で寝て、空襲のたびにおびえて、跳ね起きて、掘っておいた防空壕に潜りこむ毎日だった。戦争が終わって、もう普通に眠れるんだと喜んだ。戦争はこりごりだ、これが母の口癖だった。

これは戦争の被害体験と位置付けられる。日本で戦争を体験した人が持つ自然な感情だろう。なお、1975年初めての訪米から帰国後、記者会見に臨んだ昭和天皇が戦争責任を問われて、「そういう言葉のアヤというか、文学方面のことはよく勉強していないので、答えられない」と答えたことに対して、「天《てん》ちゃん、あんなことを言っちゃって駄目だ」と母は言った。母は天《てん》ちゃんと呼ぶ天皇制には批判的だった。

父の被害者体験

父は山形の農家に1919（大正8）年に生まれた。13人兄弟姉妹の5男である。青年学校を卒業した後、兵隊（陸軍）にとられて、2年間満州国に務めた。満州国とは、1932（昭和7）年建国され、日本が敗戦した1945（昭和20）年まで中国東北部にあった国である。関東軍が占領してから建国された日本の傀儡《かいらい》国家である。初年兵の時、兵営で起きたら、脛に巻くゲートル（脚絆。足のうっ血を予防するため、使用）がなかった。仲間に盗まれたようだ。もたもたしていると、上等兵が来て、「お前は何をしているのか」と詰問された。「はい、ゲートルがないであります」と答えたら、「お前は何をやっているんだ」といって、皮のゲートルでひっぱたかれた。皮のゲートルは痛いんだよ、と父。何回かひっぱたかれた父は「これが皇軍の中身なのか」と感じたそうだ。皇軍とは天皇の軍隊を指す。

父にとっては（多くの人と同様）つらい軍隊生活であった。満州は寒くて、河が凍るんだ、戦車が渡って通れるんだ、とも語った。そして街頭で売っている温かい饅頭がおいしかったと言う。

2年の月日が過ぎて、除隊したものの、ほおっておいたら、すぐ再召集となる。これはいかん、また駆り出されると思い、北京の日本総領事（在北京大日本帝国大使館）に応募した。そこで検閲の仕事をした。その仕事をして終戦を迎えた。

2005年3月に亡くなった父から聞いた戦争の話は以上である。軍隊内の体験はあくまで被害者としての体験談である。母と父の戦争体験は——多くの日本人にとっても——戦争はだれかが指揮し、多くの人を巻き込み、つらい思い出を強制された、いやな思い出である。自分たちが味わった苦しみの裏でだれかが甘い汁を吸っている、と被害者の目で戦争を見ている。その一方で、満州国も中国人から土地を奪い、人を殺して成り立っていた、ということには気づかず、あるいは自分たちが関与していたわけではない。日本政府が国策で作り（そういうことさえ知っていなかった）、日本に妙に親愛的な国だとしか見ていなかった。そう見えて、当然なのだということさえ、気づかなかった。

被害者、加害者の視点

私が戦争体験に関して被害者／加害者という点にこだわるのは私自身の体験があるからだ。それは私が大学4年の時、1979年にさかのぼる。私は大学院進学を目指して、教科の勉強に追われていたが、それと合わせて毎日新聞を読み、時代をつかもうとしていた。私の目に留まったのが、月刊誌『思想の科学』（1946〜1996年）が開いていた公開学習会である。『思想の科学』は戦後、社会評論、分析・批判を展開、社会運動の基礎を築いた雑誌である。その公開学習会が平日の午後7時頃から開かれていた。正確なタイトルを覚えてないが、誰かの報告が終わり、質疑応答の時間になった。

1番手か2番手か、記憶がはっきりしないが、思い切ってこう発言した。

「戦争を語り継ぐには、自分にとって、身近な親から聞くのが一番いい。私の父は兵隊にとられて、満州国に2年間務めた。ゲートルがなくなったというと、上官からしたたかに殴られた。これが皇軍の中身なのか、と語っていた。こういう具合に戦争に巻き込まれた人の話を聞くのが一番大切なことだ」

これに対して、会場から次のような反論が返ってきた。

「戦争に巻き込まれたという話はもういい。今、起きていること、例えば、川崎製鉄がフィリピンに工場を移転し、公害を輸出している。フィリピンの人からすれば今も戦争が起きているといえるんだ」

川崎製鉄の話は、1974年千葉の川崎製鉄が公害を最も出す焼結部門をフィリピン、ミンダナオ島に移転したため、「公害輸出」の事柄として、国会でも問題となった[19]。それもフィリピンがマルコス政権の戒厳令下（1972～1981）起きたことであった。しかし、当時の私には知識として届いていなかった。何も言えずに、茫然としていた私に代わって、会場にいた鶴見良行さん（アジア研究者。1926～1994年）がこう述べた。

「戦争の被害者、加害者、両方見ていく必要があるんだ」

鶴見さんが言いたかったことはこういうことだろう――確かに、戦争が起きて、駆り出された肉親は戦争の被害者だろう。それはそれで、気の毒としか言いようがない。しかし、公害輸出の例のように、日本が日本国内で許されない行為を南の国で行っている。その被害を受ける側のフィリピンの人からみれば、現在、日本および日本人は戦争の加害行為を行っていることになる。戦争の加害者である。ここを日本人は考える必要があると。

鶴見さんとは私が修士論文執筆時、上智大学の指導教員・村井吉敬《よしのり》先生（1943～2013年）の紹介をいただいて、フィリピン・バタアン輸出加工区に関する資料を借りたり、ヤシ研究会[20]でご一緒したりしたが、この時のことは私の方から、あえて話さなかった。

私が言いたいのは、戦争には被害者としてだけでなく、加害者として関わりを持つという二面性があるということだ。日本人は戦争に被害者として関わりを持った人が圧倒的に

（19）山本肇「東南アジアにみる公害輸出」『水質汚濁研究』vol.13. No.7, 1990.
（20）鶴見良行・宮内泰編著『ヤシの実のアジア学』、コモンズ、1996.

多いのではないか。戦争で兵隊にとられた（私の父もそうだった）、戦地を逃げまどった、夫や恋人が戦争で亡くなった、空襲で逃げまわった（私の母）、広島や長崎で原爆の被害にあった、特攻隊に行って死んだ等々。少なくとも第二次世界大戦に絞れば、そうした被害者体験を味わった人が多かったと思われる。

他方、戦争を加害者として関わった人はどうだろうか。ゲリラ討伐という名目で、中国、フィリピン住民を、シンガポールなど占領地の老若男女を問わず、皆殺しにした兵隊たち。強姦した兵隊たち。そうした状況におかれて命令に従った兵隊が多い中で、そこから生きて帰って、自分は罪を犯した、それを悔いて生きている人もいる。しかし、それを仕方がなかったのだと慰め、戦争とはそういうものだと開き直って生き、死を迎えた人もいる。戦争を指導した軍人、役人にしても、自衛のための戦争として、アメリカに石油を止められ、原料をインドネシアなどに求めざるを得なくなり、戦争をしたと言っている。侵略の意図にしても同様である。自衛のための戦争だったと言う。これが大東亜戦争肯定論である。

しかし、侵略をされた国々・人々からすれば、攻めてきた日本軍人は鬼であり、侵略者でしかない。戦争をされた人々の目はごまかせない。つまり、戦争を仕掛けた日本は侵略国であり、侵略を実行した軍人は加害者でしかない。侵略を受けた人々の常識を無視して、日本人は戦争における被害者であるといったところで、何の説得力もない。

アジアで戦争の問題を長く、アジア人の目を通して、戦争を考えてきた鶴見さんも両面見なければいかん、と言っていたのだと思う。戦争とは、被害も受けるけれど、加害者として、相手に耐えがたい苦痛を与えるものだと鶴見さんは考えていた。そこから、物事を見ていかねばならないということだろう。被害と加害、両面みないといけない。1979年時、私も「被害者」の視点のみから戦争を見ていたと言えよう。

戦争は忘れない

ホセ夫妻と　マニラ市内モール・オブ・マニラにて
2009年8月

「戦争を忘れない」人生を歩んでいると思われるのが、作家の故F.シオニル・ホセさんである。2022年1月に97歳で亡くなった。マニラのエルミタでソリダリダッド（連帯の意味）書店を経営するかたわら、英語小説を書いていた。小説は日本語を含め、世界各国語に翻訳されていた。[21] はじめは『マニラ・タイムス』の新聞記者だった。アジアのノーベル賞といわれるラモン・マグサイサイ賞を受賞し、その後、フィリピンの国民文学賞を受賞している。

（21）日本語訳に山本まつよ訳『仮面の群れ』『民衆Ⅰ・Ⅱ』（共にめこん）がある。

ホセさんとは、上智大学からアテネオ・デ・マニラ（以下アテネオ）大学に1年交換留学した寺本尚美さん（上智社会福祉専門学校卒。現梅花女子大教授）を通じて、大学院生の時、近づきを得た。１９８７〜89年のフィリピン滞在中も書店を時々覗きに行った。１９８９年８月の夏季休暇中、マニラで盗難にあった私はホセさんの家に難を逃れたことがあった。ケソン市にあるお宅は蘭が茂り、エアコンが完備した贅沢かつ快適な家だった。そこで2週間くらい世話になった。２００２年、フィリピンの地場産業に関する調査研究をまとめたものをフィリピンで出版したいと考えていた私はアテネオ大学出版局に原稿を提出したが、審査員が理論的な修正を迫ってきた。私はこれを拒否して他の出版社を探した。そこで、元朝日新聞マニラ支局長の大野拓司さんの *War Reparation*（日本からの戦争賠償）を出版している(22)ソリダリダッド書店が適当かと思った。相談したところ、原稿をホセさんに提出することになった。その結果、「この本は出版に値する」という返事を頂いた。出版費用を四国学院大学文化学会に要請して、許可を得て、マニラの銀行に振り込んだ。２００３年、アテネオ大学のフィリピン文化研究所（ＩＰＣ＝当時の所長はフェロメノ・アギラー教授）で、ティトさんに司会をしてもらい、出版記念会を開いた(23)。

それから、夏季、冬季の大学休暇のたび、フィリピンに来て、1年に1回くらいの頻度でホセさん、おかみさんのテレシータさん(24)に会ってきた。

ある晩、会食をした。私が調子に乗って、父の戦争体験を話した。満州に行き、ゲート

(22) Takushi Ohno, *War Reparations and Peace Settlement-Philippine-Japan Relations 1945-1956*, Solidaridad Publishing House, Manila, 1986.

(23) Masaaki Satake, People's *Economy-Philippine Community-based Industries and Alternative Development*, Solidaridad Publishing House and Literary Society [Bunka Gakkai], Manila and Kagawa, 2003.

(24) 2022年10月逝去。

ルをなくしたこと、上官に殴られたこと、それが皇軍の実態だと語ったことなどを伝えた。すると、むっとしたホセさんが言った。「マサ、いいことをおしえてやろう。日本兵はフィリピン人を虐待した。おなかを大きくした婦人がいたんだが、その腹を引き裂いて、嬰児を出し、それを中空に投げ、銃剣で突き刺したんだ。日本兵は男の首をバサっと切ったんだ。」戦争はわすれないぞ、何と言われようが、日本軍がしたことはわすれないぞ、という雰囲気だった。私は言葉を失った。

それから、日本に帰った私はホセさんの小説を読み始めた。前から本をいただいていたが、本気には読んでいなかった。これを機会に読もうということで、*Tree*（1977）、*Ermita*（1988）、*Three Filipino Women*（1999）と3冊読んだ。Ermita の主人公エルミErmi は1945年生まれで、日本兵の落とし子である。マニラ市街戦で破壊された家で、自らの銃剣でコンチータ Conchita が日本兵に強姦されて身ごもった子どもである。兵隊は強姦の直後、コンチータをコンチータに殺された。コンチータはそれを恥じ、子どもを自分では育てず、カトリックの孤児院に預けた。コンチータはアメリカ軍人と結婚して米国で暮らしている。大人になったエルミは高級娼婦になる。彼女はアメリカに行って、母親の居場所を突きとめて、夫の浮気相手となり、さらにそのことを母親に告げて、家庭を崩壊させる。それがエルミなりのリベンジ（復讐）だった。

こんな辛口の小説を書いたホセさんの本音はどこにあったのか。悲しいリベンジ・ストーリーの陰にあったのが日本兵の強姦だとは。戦争の傷跡はずっと続いている。忘れられないのだ。それを語り継ぐのが小説家の役割だ、と強調しているようだった。

ネグロス島で

私は1990年、フィリピン人と結婚した関係で、妻の実家ネグロス西州マナプラ町をよく訪問してきた。義理の父母が生きていた2015年頃まで、義父母やその兄弟とよくコミュニケーションをとった。中でも、母方の親せき、母の父の兄弟の1番下のタイ・イシン（お父さんのイシン）の話が心に残っている。タイ・イシンは私より15くらい上で、故人である。住宅地から離れたタイタイ（農村部）にタイ・イシンの家はある。周囲は砂糖キビ畑である。

あそこの病院は日本軍が攻めてきた時に、接収されて、日本軍の駐屯地になった。日本兵はここらまで来て、我々にいろいろと物をくれたもんだ。米をくれた。米軍が病院を爆撃したそうだ。日本軍がいたからだ。

あとはイロンゴ語（西ネグロス州とパナイ島で使用される言葉）でよくわからない。その病院はビクトリアス製糖工場（VMC: Victorias Milling Company）が所有して、セント・ジョセフ病院（St Joseph Hospital）と呼ばれ、2階建てのコンクリート造りの建物だった。１９３０年代につくられ、今から10年ほど前まで、地域の医療を預かる貴重な存在で、ネグロス一の施設の整った病院といわれた。病院ではシーツなどリネン交換をする労働者として義母の兄（私の叔父）、看護師として義母の妹（私の伯母）が働いていた。その病院の中庭で、１９９０年ガーデンパーティー式に結婚披露宴を私たちは開いた。製糖工場で働くマオリン、妻のセフェリナの娘が日本人と結婚すると聞いて、当時物珍しかった国際結婚を目の当たりにしようと、村の親戚や近所の人が親子総出で駆け付け、３５０名の出席者があった。日本からも私の両親が駆け付けた。スタディツアーに参加していた四国学院大学の学生たち、引率の横山先生、マニラ在住の山田修さんらも加わった。

結婚後、マナプラに家を建てた私は１９９７〜１９９８年、勤務していた四国学院大学から研究留学の機会をもらい、そこで1年過ごした。妻、娘（4歳、6歳）2人、息子（生後5か月）1人と一緒だ。月曜から金曜にかけ、日本から持ち込んだコンピュータで仕事、土日は親戚と酒を飲むか、麻雀をする日々を送っていた。ある日曜日、タイ・イシンが住むタイタイで地鶏をつまみにラム酒を飲んだところ、鶏のアレルギーか腕に粒粒（つぶつぶ）ができ、例の病院に行って、注射をうってもらった。英語を話す女性の医師が対応した。近くに病院があると重宝である。しかし、その後、会社合理化をはかるＶＭ

Cが病院を閉鎖してから、建物は荒れるままだ。草がぼうぼうと生えている。近くにあった砂糖を入れる袋をつくる工場、牛乳の工場も閉鎖され、マナプラはVMCの労働者解雇の影響を受けている。VMCで働いていた妻の弟、袋の工場で働いていた義弟（妻の妹の夫）も解雇された。

ネグロス研究で知られる永野善子（神奈川大学名誉教授）によると、ネグロスは1902年からのアメリカ統治期に砂糖キビ作付け地に代わっていた。1942年に侵攻を始めた日本軍としては、日本への米国からの輸入が止まった綿の生産をネグロスで大規模に行いたかった。綿は衣料の原料として重要だった。一方、砂糖は台湾産があった。そこで、日本軍政は1942年、中部ルソン、ネグロスで綿栽培を試験的に実施した。中部ルソンではある程度成功したが、フィリピンの中核的砂糖生産地帯である西ネグロス州ではほとんど大失敗に終わったという(25)。理由は病虫害、農民の非協力があげられる。そこで、燃料用アルコール（ブタノール）生産を目的とする砂糖生産を再開させた。そして、抗日ゲリラによって製糖工場が破壊されるため、隣のパナイ島での生産をあきらめた日本軍政はネグロスでの生産に集中し、北ネグロス製糖会社、ビクトリアス製糖会社、ハワイアン・フィリピン社のみで製糖を続けた。その経営権は台湾で13、ジャワで23の製糖工場を所有していた台湾製糖（株）に付与されたという(26)。台湾製糖は1900年設立の三井財閥

(25) 永野善子『砂糖アッシエンダと貧困 - フィリピン・ネグロス島小史』勁草書房、1990 年、181 頁。
(26) 同前、182 頁。

系の会社である。戦後1946年、台湾・国民政府によって、接収される。

北ネグロス製糖会社はVMC創始者ミゲル・オソリオ（アメリカ人）によって、1917年始められ、第2次大戦後、VMCと併合した。北ネグロス製糖会社はマナプラの内陸地にあり、そこには製糖工場（シュガー・セントラル）に由来する「セントラル・マナプラ」という地名が今も残っている。すなわち、マナプラ町は海に近い町役場があるマナプラ、内陸に広がる製糖工場があった「セントラル・マナプラ」という2地域に分けられる。後者にあったのが北ネグロス製糖工場の病院だった[27]。それが、進駐した日本軍によって、接収されたのだ。周辺には砂糖キビ畑に囲まれた住宅があった。

日本軍がネグロス西州に上陸したのは1942年5月だそうだ。病院も日本軍の駐屯地として、接収された。対して、抵抗勢力として極東アメリカ軍の残存部隊があった。配下にゲリラ部隊が組織され、ユサッフェ（USAFE= 極東米軍）・ゲリラと呼ばれ、各地で日本軍を攻撃した。1943年、オーストラリアから、マッカーサーから命を受けフィリピン軍人が入ってきたのをきっかけに、抵抗勢力は盛り上がったが、逆に日本軍の攻撃は盛んになった。1944年3月、マッカーサーの「私は帰ってくる」というメッセージ、ルーズベルト、ケソンの米比大統領からの支援メッセージはゲリラを鼓舞した。米軍はゲリラが米軍の公式部隊であると宣言し、オーストラリアから潜水艦で水揚げされる武器・装備が大量に与えられ、ゲリラの戦力は高まった。そうして、ゲリラ部隊は日本軍の駐屯

(27) Patrick Vince Oabel , "Workers of the Mill: Local Labour Market Change and Restructuring of the Sugar Industry in Northern Negros Occidental, Philippines 1946-2008, " Doctoral thesis, the University of British Columbia (Vancouver), December 2011, P.169.

地に対し、攻撃をかけるようになった。加えて、アメリカ海軍航空隊がダバオ、ネグロスを含むビサヤ、マニラを空襲するようになった。病院が米軍からの空襲を受けたのもこの時期だ。日本軍は平野部の駐屯地を放棄し、山地部へと撤退していった。

１９４４年10月米軍がレイテ島上陸、45年２月マニラ解放、３月ビサヤ攻撃と続いた。４月にはネグロスに上陸した。４月末、ネグロス島の全市、町が日本軍から解放された。残った日本軍はパタック=ランタワン地区（シライ市郊外）と、ドゥマゲッティ西部の山間部に追われ、最後の抵抗を続けていた(28)。８月15日日本敗戦、９月２日フィリピン方面軍司令官山下奉文《ともゆき》がアメリカ軍に降伏し、日本占領にピリオドが打たれた。この間、ルソン島で行われた住民虐殺はネグロスでは行われなかったようであるが、民間人の殺害、捕虜の扱いには残酷さと冷酷さはひどいものがあったという(29)。妻の母親は１９３０年生まれで、戦争中は12歳、フィリピンでいうダラガ（独身の女性）であった。その当時、母親の母つまり祖母はなかなかの器量の持ち主であった。娘ともども獰猛な日本兵の犠牲になるのを避けるため、戦争中、外に出る時は炭を顔に塗ったという。顔を醜くして、日本兵の犠牲にならないように気をつけたそうである。

(28) 前掲、永野著、192 頁。
(29) 同前、永野 190 頁。

認識義務

ここで新しい視点を紹介しよう。認識義務という語である。この語は私の造語ではない。私が勤務する名古屋学院大学の1学生の表現である。日本平和学会が編集した『平和を考えるための100冊＋α』(法律文化社、2014)が刊行された2014年、3〜4年生合同の演習の授業に、平和を考えるため、何かいい本はないか、と探したところ、この本をみつけた。そのうち、家永三郎著『戦争責任』(岩波書店、1985)の書評をまとめたM君は日本人の戦争責任について、「私たち、戦後世代が直接手をくだしていない戦争について、責任はとれない。しかし、日本がそういうことをしたということについて、常に認識する義務がある。なぜなら、認識しない限り、また戦争を繰りかえすだろうから。だから、私たちの世代には直接責任はないが、認識義務がある」といった。

当時21歳の青年が語る議論には戦後70年余りの年月を感じさせる。「戦争責任を」と私たち60歳を超える世代は言いたいところだが、彼らに直接責任はないのだから、とりようがない。しかし、やったことをしっかりと認識する責任、認識義務がある、というのだ。

一部の人は日本人が犯した罪を見ない、それを軽視する傾向がある。それを戒める考え方である。認識義務。これも有意義な考え方である。

私たちの歴史認識

戦争をめぐる日本の責任に関して、補償問題に取り組んできた内海愛子さん（恵泉女学院大学名誉教授）が『戦後補償から考える日本とアジア』（山川出版社、２００２）で、こう言っている。

「――戦後50年、経済復興の時代をへて、高度成長を享受していた多くの日本人は戦争は「昔話」になっていた。その中でアジアの被害者たちの証言は、戦争が過ぎ去った過去ではないことを私たちに教えたのである。

問われてきたのは、日本政府だけでなく、事実を知ろうとしなかった私たちであり、私たちの歴史認識ではないのか」（３頁）。

２０２２年は戦後77年。日本は経済復興、高度成長、低成長から経済停滞期に入った。日本政府が戦争責任を回避し、「大東亜戦争」を肯定しようとする論議がみられる中、戦争は遠い「昔話」になりかかっている。例えば、安倍内閣（1次２００６～２００７年、2～4次２０１２～２０２０年）時、２０１５年に出された首相の戦後70周年談話が象徴的だろう。侵略、植民地支配について、自らの国が行ったという認識を示さない。反省とお詫びについても過去の政権が行ってきたことをのべるのみだ。さらに「あの戦争には何ら関わりのない、私たちの子や孫、そしてその先の世代の子どもたちに、謝罪を続ける宿命を背負わせてはなりません」と自論を入れ、責任を回避させた(30)。

こんな時代だからこそ、戦争を知らない世代に戦争の正確な姿を伝える必要がある。そして、その反応が認識義務というものであってもいいのではないか。戦争を認識すべき事実として受け止め、今後日本社会、世界社会を見る際の鏡としたい、ということなのだから。

戦争の項―まとめ

以上が教員・研究者として、フィリピンを調査してきて、日本が起こした戦争に関連して、見分してきたことを書いてきた。確かにフィリピンの若い世代では日本の漫画、アニメに惹かれ、日本食に魅了され、後述の日本の工業力、技術力に圧倒され、日本のファンになった人も見られる。戦争については直接知らない。おじいちゃんやおばあちゃんの体験である。あえて、自分からは日本人に話をしてこない。「逆のスタディツアー」みたいにフィリピンの大学の教員に引率され、やってきた大学生のたぐいである。しかし、戦争の直接体験者は高齢化してきているが―中には故人となったひともいる―バウアンの鍛冶

(30) 趙世暎「安倍首相の『戦後70年談話』に潜む『植民地』への優越感」Huffpost, https://www.huffingtonpost.jp/seiyoung-cho/abe-shinzo-statement_b_8018764.html 2015年8月21日 2022年3月15日閲覧.

屋さんのように、戦後、日本人との面会を避けてきた。バタンガスの鍛冶屋のおじいさんのように、日本人をみて、戦争中のつらい体験を思い出して涙ぐむ人もいた。そして、戦争体験者ではないが、その体験を受け継ぐ知識人も個々の日本人は友人だが、集団としての日本人がフィリピンの地で戦争中、したことを信じられないと語っていた（ランディさんのように）。許すことはできるが、決して忘れてはいけない、忘れられるものではない、と思いを語っていた。

戦争という非人道的行為をした日本人の側に立つ私たち。謝罪すると同時に、二度と繰り返しませんと誓うしか、いえない。二度とああした行為をしないし、起こさせません、と誓うしかない。そのために何をしうるか、私も自問する。

私としては前に述べたように、スタディーツアーにおいてフィリピンの戦争体験者や「慰安婦」犠牲者の生の声を学生にきかせ、何をしたらよいか、若い人とともに考えていきたいと考える。そして、合わせて、大学のゼミ活動において、日本の中で空襲など痛烈な思いをした人の体験を聞いていきたいと思う。(31)

現在、ロシアによるウクライナ攻撃の中で、日本も北朝鮮、中国、はてはロシアから攻撃をされるかもしれないから「防衛費」＝軍事費を2倍にしなくては、という議論(32)、アメリカの核を日本に持ち込んで「シェア」すべきだという議論(33)が世論に噴出している。最初の議論については日本が軍事大国になろうものなら、どれだけ国民の福祉を切り捨てる

(31) 2022年10月21日、ゼミ学生とともに「戦争と平和の資料館ピースあいち」を訪れ、名古屋空襲の体験談、史料のガイダンスを開いてきた。
(32)「防衛費増へ自民がGDP比2%案　ウクライナ侵攻受け　達成なら米中に次ぐ規模　平和主義の形骸化に懸念」2022年4月9日 https://www.tokyo-np.co.jp/article/170617　2022年6月30日閲覧。
(33)「安倍元首相『核共有』の議論を」2022年2月27日
ttps://www.sankei.com/article/20220227-WAR5FEF3SVOYLFMCC7FOUYSOL4/　2022年6月30日閲覧。

のか、考えてほしい。いまでも年金の額を減らして福祉水準が下がっているのに、これ以上、軍事費を増やしてしまうのはいかがなものか。そもそも外交で北朝鮮、中国、ロシアとも仲良くやっていく必要がある。それを考えるのが、外交の役割である。

後者については、日本の防衛はアメリカ軍頼りであるので、核兵器の使用についてもアメリカ政府の思い通りになる。シェアどころではない。どちらにせよ、日本の政府（アメリカの政府のいいなり）が民衆のことを置いて、また、「国益」のために言い立てていることは明白である。

2 賠償協定と政府開発援助（ODA）

日本との賠償協定

戦争を日本という国がフィリピンという国に対して、どのように決着をつけたか。賠償協定を見てみよう。戦争でマニラが80%、セブが90%、サンボアンガが95%も消失している。道路、橋、港湾施設、建物も損傷した。市民100万人以上が命を落とした。これに対して、フィリピン政府は損害を賠償要求する。相手国は日本である。米国は旧植民地の宗主国であり、日本を負かした国である。

敗戦国

日本は戦勝国アメリカなどに罰せられている。1946〜1948年には極東裁判も行われ、連合国が戦争犯罪人を裁いた。日本が降伏の条件にしたポツダム宣言の中にも日本の戦争犯罪者の処罰、賠償責任が明記されていた。つまり、第10条にはこう記されていた。「われわれの捕虜を虐待した者を含めて、全ての戦争犯罪人に対しては厳重なる処罰を行うものとする。」「日本は、経済を持続し、正当な戦争賠償の取り立てに充当する。」

フィリピンは戦争賠償を条件に日本の独立を認めたサンフランシスコ講和条約（1952年）を締結したが、フィリピン上院は日本との賠償が未決だとして、条約を批准しなかった。そこから、日本とフィリピンの賠償交渉が始まった。1952年第一回目の交渉で、フィリピン側は80億円を要求したが、日本側は支払い能力を超えるとして、交渉は決裂した。

他方、米国はソビエト、中国といった社会主義陣営との冷戦が進行する中で、反共の砦として、日本を位置付け始めた。1950年には警察を補強するという名目で警察予備隊を米国は日本に設けさせた。自衛隊の前身である。1951年初頭、アメリカ大統領特使ジョン・フォスター・ダレスは日本の後、フィリピンを訪れ、こう語った。「日本にフィリピンへの賠償責任があることは認める。しかし、日本が賠償金を払いすぎて、経済的に破産して共産主義化したらどうなるのか。フィリピンにとっても不利ではないか。貴国は焦ってはならない。」米国はフィリピン政府に対して、相応な額で賠償協定を結ぶように求めていた。

1953年、中部ルソンを中心に戦争中から勢力を誇ったフクバラハップ（フク団。抗日人民軍。戦後、人民解放軍と改名）弾圧の功績をもって、ラモン・マグサイサイ（1907-1957）が大統領に選ばれた。米国の支持を受けた。そして、1955年から59年までの経済開発5カ年計画の実施のため、フィリピン政府は財源の確保に迫られていた。また、1954年、日本とビルマ（現国名はミャンマー）は単独で賠償協定を結んだ。10年間で2億ドルの賠償、5000万ドルの経済協力を支払うという内容だった。賠償、経済協力ともに日本人役務と生産物で支払うという内容だった。さらに、フィリピンが経済軍事的に大きく依存していた米国[1]は対日請求を抑えるように、勧告していた。こうした背景で、フィリピン政府としても賠償交渉妥結の時期が訪れたようであった。

1956年5月9日、日比政府間で賠償協定が結ばれた。日本人役務と日本の生産物による賠償が5億5000万ドル、民間商業借款（円の貸付）が2億5000万ドル、支払い期間は20年である。当初の要求額の10分の1であった。締結を受けて、7月16日、サンフランシスコ平和条約と賠償協定がフィリピン上下両院で批准された。両国間の戦争状態は国際法上、終結した。両国間に国交が回復されたのは、太平洋戦争終結後から11年目のことだった。

賠償条約の問題点

なんといっても、個人補償がなされなかった点を指摘したい。100万人近い人々が戦争の犠牲になったのだ。主要都市のほとんどが消失した。戦争で犠牲になった人、つまり、生活が切迫したのは国民すべてだったろう。夫や妻、子ども、両親を失った人は少なくな

(1) 米国政府は1946年、フィリピンの天然資源開発、公益事業の経営に参加できるという内国民待遇（パリティ）条項を含むベル通商法を締結し、フィリピン復興法（6億2000万ドル）と並んで、フィリピン経済を自国の従属化においた。加えて、1947年、比米軍事援助協定がある。額は1985年までで、40億ドル（86年価格計算では113億ドル）である。

い。前任のエルピディオ・キリノ大統領（1890〜1956年）はマニラで妻、子ども3人を日本兵に殺されている。そんな国で個人賠償の話が出なかったのか。国家への賠償責任だけが条約で結ばれた。その結果、被害を被った人は救済されなかった。1990年代に被害者が名乗り出た「従軍慰安婦」たちも救われることはなかった。

日本経済に与えた影響も無視できない。支払いの内容が資本財中心だったので、日本の自動車工業や電気機械工業が育成された。人絹、亜鉛鉄板、陶磁器、魚の缶詰など日本国内に滞留した製品を賠償としてさばけるので、不況産業を救済した。日本は敗戦で中国から朝鮮半島まで市場を失ったが、賠償でフィリピン、インドネシア、ビルマなどに製品の販路を確保できた。バス、トラック、自転車、ミシン、家庭用電化製品、ポンプなどである。賠償が済んだ後も、日本製品が東南アジア各国で定着することにつながった。(2)

ODAをどう見るか

1971年から第1次円借款によって、日本政府による政府開発事業が始まる。この時期1965年〜86年はフェルディナンド・マルコス大統領（1917〜1989年）の長期政権の時期で、日本からの大量の資材、お金の流入がマルコス政権を支えたのではないか、と言われている。マルコス大統領が1972年、戒厳令を発動し、独裁政権を樹立す

(2) 佐竹「フィリピン　与えられた独立」、内海愛子・田辺寿夫編著『語られなかったアジアの戦後』所収、梨の木舎、1991年、106ページ。

ると、援助額の15％がマルコスや取り巻きの人物にバラまかれ、見返り・リベートの形で大規模な汚職疑惑がついて回った。(3) 取り巻きの人物の中でも有名なのが総合商社・丸紅が親しくしていたロベルト・ベネディクト（マルコスの大学クラスメイト、1917〜2000年）である。砂糖産業で富を築き、「マルベニコス」と呼ばれた。他に、食いついたら離れず、相手をむさぼり食うため、「パックマン」とあだ名がついたエドゥアルド・（ダンディン・）コファンコ（1935〜2020年）がいた。彼はココナツ産業で巨富を築いた。(4) 援助にからむ汚職疑惑に関しては、前述のダビッド教授がなぜ日本のコンサルティング企業がフィリピンで活動しており、その社員がフィリピン大統領の年収より高い月収を受け取っているのか、と疑問を投げかけた。(5)

そして1986年、マルコスを「ピープルズ・パワー」によって負かしたコラソン・アキノ大統領が民主的な政権を設立すると、日本政府はまたもや第14次円借款として、802億円の供与を約束し、経済安定のために政権を支援した。ラモス（1992〜98年）、エストラーダ（1998〜2001年）、アロヨ（2001〜2010年）、ベニグノ・アキノ3世（2010〜2016年）、ドゥテルテ（2016〜2022）、フェルディナンド・マルコス・ジュニア（2022〜）と続くその後の政権でも日本の援助は続く。フィリピンの最大の援助提供国はいまなお日本なのである。

(3) 横山正樹『フィリピン援助と自力更生論─構造的暴力の克服』明石書店、1990年；渡辺乾介『還流』データハウス、1994年
(4) アール・G・パレーニョ著『フィリピンを乗っ取った男　政商ダンディン・コファンコ』（加地永都子・堀田正彦訳）2006.
(5) 渡辺、前掲書、138頁.

援助の中身

日本の援助は現在、２０１５年の「開発協力大綱」（閣議決定）によって枠組みが設定されている。２００３年決定の「政府国際協力（ＯＤＡ）大綱」（閣議決定）が援助の基本を定めていたが、民間の企業が行う投資の割合が大きくなっていることを踏まえて、民間企業の活動も含めて、「開発協力大綱」となった。大綱では援助の目的について、次のように述べている。

我が国は，国際社会の平和と安定及び繁栄の確保により一層積極的に貢献することを目的として開発協力を推進する。こうした協力を通じて，我が国の平和と安全の維持，更なる繁栄の実現，安定性及び透明性が高く見通しがつきやすい国際環境の実現，普遍的価値に基づく国際秩序の維持・擁護といった国益の確保に貢献する。

つまり、国益の確保が協力の目的なのだ。そして、２００３年版、２０１５年版ともに「大綱」となっているのは２００２年時、市民・野党議員から、巨額なＯＤＡを見直し、援助基本法をつくろうという動きがあり、国会野党から法案が提出された。しかし、外務省その他から、法律ができると予算の配分、使用が国会の審議にかけられ、面倒だという。

大綱ならば閣議決定で決まると、内閣が判断したからである。その時以来、閣議で決定されている。

２０１５年には別の時代背景もある。民主党政権の後、２０１２年12月に復活した安倍政権の下、２０１４年４月に政府は大綱改定の動きを公表した。[6]

１か月のみの公聴期間を経て、２０１５年２月、「開発協力大綱」を閣議決定した。２０１３年６月「日本再興戦略」の中で、いわゆる「アベノミクス」の３本の矢の１本、財政戦略として、大規模な公共投資を謳っていた。他の２本は金融戦略、成長戦略（世界に勝てる若者、女性が輝く社会）である。その公共投資の海外版がＯＤＡとなる。だから、２０１５年インドへの新幹線売りつけに際しても円借款を用いた。[7] ２０１６年、フィリピンのドゥテルテ政権に対しても、５年間で１兆円という円借款をあてた。いずれも日本を再興させる手段であった。

ここで援助の中身を見てみよう。『２０２１年開発協力白書　日本の国際協力』（通称ＯＤＡ白書）14〜15ページによると、[8] ２０２０年の日本の政府開発援助の実績は１６２億６０２５万ドル（１兆７３６０億円）で、アメリカ、ドイツ、英国に次ぎ、世界４位である。内訳は二国間ＯＤＡが全体の81・１％、国連など国際機関に対するＯＤＡが18・９％である。

(6) 関西 NGO ネットワーク「ODA 大綱学習会」youtube 2014 年 10 月 1 日。
(7)「インド、新幹線導入を正式決定　日本は建設費用 120 億ドル融資へ」。Huffpost, 2015 年 12 月 13 日。https://www.huffingtonpost.jp/2015/12/13/india-shinkansen-japan_n_8801546.html、2021 年 3 月 22 日閲覧。
(8) 100353373.pdf ＝ 2022 年 12 月 8 日閲覧。

２国間ＯＤＡは贈与、無償（相手国に返済を求めない）である無償資金協力と技術協力がある。無償資金協力は緊急援助、日本ＮＧＯ連携無償、一般文化無償、草の根・人間の安全保障、一般プロジェクト無償である。技術協力は研修員受入、専門家派遣、ＪＩＣＡボランティア派遣、国際緊急援助隊派遣である。無償資金協力は12億７４９０万ドル、技術協力は24億１３５万ドルで計36億７６２５万ドル、ＯＤＡ全体の22・６％である。一方、二国間ＯＤＡには有償といって、相手国政府に返済を求める政府貸付がある。貸付実行額は１１４億１７３６万ドルで、ＯＤＡ全体の70・２％を占める。

このように、貸付が日本の国際協力の大勢を占めている。この点に関しては2点指摘できる。

1．贈与の無償資金協力、技術協力が近年減少の一途をたどっているのにたいして、国際機関経由、政府貸付が伸びている。ドル・ベースで見ても、それぞれ、２０２０年実績で―8・7、―11・8であるのに対して、＋54・5、＋21・4である。

2．貸付に関しては途上国政府が返済に務め、ＯＤＡ予算では毎年「回収額」として、記録されている。２０２０年度はその額が66億４３８４万ドルに上った。よって、貸付実行額１１４億から66億ドルを引いた額を「純額」として、48億ドルと計算する。そして、政府貸付の中の「贈与相当額」は77億１１６３万ドルである。「贈与相当額」とは支出額、利率、償還期間などの条件を定式に当てはめて算出される。条件が穏やかであるほど、額が大きくなるという。２０１７年まで、ＤＡＣ（援助委員会）の標準であった純額方式（供与額を全額計上し、回収額はマイナス計上）の方がわかりやすい。その上で、贈与相当額をベースにするとＯＤＡ全体の47・４％を占めるという（14ページ）。この点は貸付の割合を低く計上したいという外務省側の意向が働いていると思われる。

いずれにせよ、貸付の割合が近年増えているのは、国外インフラ整備を途上国「援助」のかなめとして、日本経済の復興をかけたプロジェクトにしようとした安倍元首相の成長路線がみてとれる。

主要援助国との比較

ここで、日本の援助が他の国々の援助と比較していかに偏っているか、述べておきたい。『２０１２年版政府開発援助（ＯＤＡ）参考資料集』[9]で、主要援助国（25）・機関（欧州機構）の援助について調べてみた。主要援助国のうち、日本以外で有償援助を入れているのはイタリア、韓国、中国（無利子借款、優遇借款）のみであった。アメリカ、イギリス、ドイツ、フランス、カナダ、オーストラリアなどは入れていない。アメリカは１９９２年、イギリスは１９９８年から有償は行っていないという。

これは賠償から援助に切り替わったという日本の国際援助の歴史とつながっていよ

(9) https://www.mofa.go.jp/mofaj/gaiko/oda/shiryo/hakusyo/12_hakusho_sh/pdfs/s3-2.pdf 2022年3月29日閲覧

う。賠償条約においては、無償で資金を提供することと合わせて有償で資金を貸し付けるパターンが多かった。フィリピンの場合、１９５６年、日本の生産物と日本人役務による賠償が5億５０００万ドル、民間の商業借款（円の貸付）が2億５０００万ドルであった。インドネシアとは１９５８年に生産物と役務の提供が2億２３０８万ドル、清算残高1億７６９１万ドル支払い、借款4億ドル。ラオスとは１９５６年賠償請求権放棄、２７８万ドルの生産物と役務の提供。カンボジアとは１９５９年に賠償請求権放棄、４１７万ドルの生産物と役務の提供。南ベトナムとは１９５９年３９００万ドルの賠償（生産物と役務）、７５０万ドルの借款である。賠償政策の中で日本の生産物・役務を提供する、お金を貸し付けるというパターンができあがったと言えよう。これは１９７０年代におおかた始まった政府開発援助に持ち越されることになる。

『参考資料集』にもどると、主な国は「国際開発法」（イギリス）、「政府開発援助説明責任法」（カナダ）、「国際開発協力に関する１９９８年7月7日付法律23／１９９８号」（スペイン）といった具合に法律でしっかりと定めている。「国際開発」という政策が国の法律で定められ、国民の関与が保障されているわけだ。目的も、「社会参加・貧困削減、人権推進および民主的なガバナンス、ジェンダー、環境、文化的多様性の尊重への取組を優先課題にする」（スペイン）、「主要な目的は、特にミレニアム開発目標の実施を通じた、貧困国における貧困削減である」（イギリス）（オランダも同様）、「所管大臣（国際協力大臣、外務大臣等）は、貧困削減に貢献すること、貧困層の視点を考慮すること、国際的人権基準と合致することを前提に開発援助を提供する」（カナダ）などとなっている。貧困削減、国際人権基準と合致することを前提に国の政策がまとめられている。日本のように、国益の確保という目標はないと言えよう。

「有償援助」については、最近のように財政難の時代においては無償資金だけだと、援助額を減らされる恐れから有償援助を受けるという理由もあるようである。[10]しかし、横田洋三が指摘しているように、「社会インフラ、農業、教育、衛生、人権、環境を重視する援助プロジェクトに関しては、円借款は必ずしも適切とはいえず、贈与や条件のゆるい貸付（ソフトローン）を加味することにより、柔軟な、きめ細かい援助を実施する必要がある」。ソフト・ローンについては、すでに実施されているので、贈与（無償）でいいのではないかと私は考えている。

となると、現在行われている円借款のうち、大規模なものは援助ではなく、民間のプロジェクトで行ったらどうか。政府が関与する必要があるならば、国際協力銀行が行っているように、[11]企業への融資を政府系の銀行で行い、援助として、数えないことにする。つまり、大規模なダム建設、鉄道の整備、港の整備などである。現在、ＪＩＣＡ（国際協力機構）の業務としては無償資金、有償資金の両方を担当しているが、以後は無償資金（技術協力、贈与）のみとする。こうすれば、フィリピン駐在の日本大使が日本の企業に投資を

(10) 横田洋三「本調査の概要——日本の政府開発援助の歴史的展開と特徴」『主要先進国における海外援助の制度と動向に関する調査』ＯＤＡ研究会、2008 年、11 ページ。https://www.sangiin.go.jp/japanese/aramashi/ayumi/pdf/oda_kenkyukai.pdf 2022 年 3 月 29 日閲覧

(11) 横田洋三「本調査の概要——日本の政府開発援助の歴史的展開と特徴」『主要先進国における海外援助の制度と動向に関する調査』ＯＤＡ研究会、2008 年、11 ページ。https://www.sangiin.go.jp/japanese/aramashi/ayumi/pdf/oda_kenkyukai.pdf 2022 年 3 月 29 日閲覧

呼びかける[12]という信じられないことをしなくなる。日本の政治家は財界と近すぎる。政財界ができあがった頃（明治時代）の遺産であるが、ここで見事にきっぱりと絶つ必要がある。そして、後述のＪＩＣＡガイドラインは無償資金協力だけに関係して、適応させる。その方がすっきりするのではないだろうか。

フィリピンのインフラ支援

セブの埋立地域　炊き出しの様子　2004 年 8 月

さて、日本のＯＤＡはフィリピンのインフラを整備してきた。マニラの空港では４つあるターミナルのうち３つには日本がお金を出してきた。セブの空港も第１、第２ターミナルとも日本のＯＤＡでできた。西ネグロス州のシライ空港、パナイ島のイロイロ国際空港も日本がお金を政府に貸し付けて建設された。マニラの有料道路スカイウェイも日本のお金で、日本の建設会社がつくった。高架鉄道（マニラ LRT2, LRT3）もそうだ。マニラからミンダナオ島のダバオまで続くフィリピン〜日本友好道路も日本の円借款を受けて造

（12）「より多くの日本企業が比に」『まにら新聞』2022 年 3 月 23 日。

られた。2016年からのドゥテルテ政権下でも、空港と直結されるマニラの地下鉄やクラーク国際空港からラグナ州カランバまでの鉄道整備に向けて、1兆円の枠組みで円借款が提供される。(13)

環境社会配慮ガイドライン

1999年から2004年にかけて、円借款によるセブ市の埋め立て事業・湾岸道路建設で、住民の強制移転、環境汚染の問題が起きた。(14) 私はこの件で2003年、2004年、2007年と、現場を訪れた。1997年、海外経済協力基金（OECF。99年国際協力銀行JBIC、2008年国際協力機構に統合）がセブ市に円借款を提供し、工業団地をつくるため3000haの土地が埋め立てられた。公共道路事業省もOECFから金を借りて湾岸道路を建設した。住民によると、事前の協議はなく、プロジェクトは強引だった。移転対象者には2万ペソ（約4万円）が支払われたが、生計のやりくりには不十分だった。2004年、40代後半と見える漁師は私たちにこう述べた。「昔は魚がよく獲れた。だけど、埋め立てが行われて海が汚れ、漁獲が減った。前は大学と高校に4人の子どもを送れた。だけど、収入が減って、学校に行かせられなくなった。今はみんな学校をやめて、働いているよ」

(13)「日本とフィリピンが35億6000万円規模の支援に係る交換公文に署名」https://www.ph.emb-japan.go.jp/itpr_ja/00_000794.html 2019・2・19 2022年3月11日閲覧。

(14) 相木沙友里「JBIC. フィリピン湾岸道路」『フィリピン研修報告書2007』、2008、50－51；https://www.foejapan.org/aid/jbic02/mcdp/background.html

当時、私には子どもが3人いた。小5、中1の娘、小1の息子である。すくすくと育て、大学までは送ってあげたい。そう思っていただけに、子どもを4人、高校、大学に送れなくなってしまったと聞くのは親としてつらかった。

2003年、私はJBICマニラ事務所を四国学院大学の学生たちと訪れて、担当の日本人職員2人に会った。女性と男性で、プロジェクト担当と思しき女性が分厚いファイルをもとに私たちの質問に答えた。援助相手のセブ市からは何も聞いていない、環境・住民移転の問題点は相手国の内政問題だから立ち入れないと言う[15]。さらに、民間の銀行と私たちの銀行も違いはありません。お金を貸し付けるだけですという。国民のお金（借款は年金、郵便貯金などが財源。無償資金協力が税金）を扱って、援助を行っているという意識はないようだ。国民のお金を預かって、援助をさせてもらっているという意識があれば、援助先から感謝されず、抗議されているのはおかしい、という反応が返ってきたはずだ。

似たような事例がインドネシアでもあった。住民がダムの閉門を求めて、円借款のダムプロジェクトに対して、2002年訴訟を日本で起こした。だが、最高裁まで行って2015年敗訴した[16]。つまり、立ち退きや環境保護は相手国政府の管轄であり、日本政府はそうした責任をもたないと日本の裁判所は判決を下したのである。そうした裁判所の意見をJBICの担当者が先立って言っていたのである。

(15)『2003外国事情フィリピン　社会活動実習A』2004；佐竹眞明「どこが変わり、変わらないか―普通の人々から見た援助―書評村井吉敬編著『徹底検証　ニッポンのODA』」、『月刊オルタ』、アジア太平洋資料センター、2006年12月、40ページ。
(16) http://www.kotopanjang.jp/activity.html； https://www.nikkei.com/article/DGXNZO50047720X21C12A2CR8000/ 2021年3月17日閲覧

ところが、住民へのこうした大規模な影響を及ぼすプロジェクトに関しては 援助の執行機関ＪＩＣＡが２０１０年、社会・住民への「環境社会配慮ガイドライン」を制定している。「環境社会配慮ガイドライン」では、ＪＩＣＡは次の７項目が重要だと認識しているという。１．幅広い影響を配慮の対象　２．早期段階からモニタリング（監視・環境評価）段階まで、環境社会への配慮を実施　３．協力事業の実施において説明責任を果たす　４．ステークホルダー（利害関係者）の参加を求める　５．情報公開を行う　６．ＪＩＣＡの実施体制を強化　７．迅速性に配慮。

そして、相手国等に次のことを求め確認するとしている。１．検討する影響の範囲　２．法令、基準計画等との整合　３．社会的合意　４．生態系及び生物相　５．非自発的住民移転（強制移転）６．先住民族　７．モニタリング

非自発的住民移転、先住民族への影響は極力避け、どうしてもやむをえない場合には補償が十分に行われなければならない。相手の国や自治体にそれらを求め、確認するとまで言っている。内政干渉も辞さないというガイドラインの立場である。相手から何も聞いていない、環境・住民問題はセブ市側の内政問題であると答えたＪＢＩＣの回答とは異なる。日本の裁判所の判決の趣旨とも異なる。

このように、ガイドラインは立派なアセスメント制度を定めたものである。だが、日本企業が進出しているミャンマーのティワラ経済特区の開発事業（２０１３年から日本の円

借款を利用して、電力、港湾、水道、通信を整備）では、住民の合意を得られていないにもかかわらず、事業が進められているため、住民がJICAに苦情を申し立てたという[17]。

住民がみんな喜んでくれるプロジェクトばかりではない。住民の利益が損なわれることもある。セブの湾岸埋め立て・道路建設、インドネシアのダム、ミャンマーのティラワ経済特区が格好の例である。ニッケルの採取で、住友金属鉱山が掘削するフィリピンのパラワン、スリガオの事例（JBICが円借款を出している）では、六価クロムが流れ出し、周辺の水に問題が発生しているといわれる[18]。環境社会配慮ガイドラインは適用されないのだろうか。

ODA中止—モザンビークの例

日本のNGOが住民の側に立って、2020年アフリカ・モザンビークのプロサバンナ事業（ODA事業）を中止に持ち込んだ。JVC（Japan Volunteer Center）やWe21JapanなどのNGOが住民団体を外務省に招き、日本政府に事業への見直しを求める文書を提出した。プロサバンナ事業とは、ブラジルでの例にならって、モザンビークに大農園をつくり、大豆を植えさせて、日本の商社が輸入する形で開発を進めようとした事業である。2009年JICAがモザンビークと協定を結んで始まったプロジェクトであ

(17)「ミャンマー・ティラワ経済特区＞活かされない異議申立ての経験 (1)」メコンウオッチ・ウェブ http://www.mekongwatch.org/resource/news/20200228_01.html、2021 年 3 月 1 日閲覧
(18) https://www.foejapan.org/aid/jbic02/rt/、FoE ウェブ、2021 年 3 月 1 日閲覧。

る。しかし、大規模な農場開発であるにもかかわらず、地域の住民に説明をしないで農業開発しようとした。不安を感じた農民が住民団体に委託して要請状を書いてもらい、日本政府に提出した。その結果、外務省、ＪＩＣＡはプロジェクトからの撤退を発表したのだ。

計画中止を報道したＴＢＳ系番組『報道特集』「モザンビーク『プロサバンナ事業』日本政府が中止に」(19)を見ると、ＪＩＣＡ職員が「ＯＤＡ執行機関ＪＩＣＡはいろいろな意見を聞く」と述べているが、最も意見を聞かなくてはならないのは影響を受ける住民の声である。当該国政府、自治体の声だけ聴いていると、社会の格差を反映して、日本政府への要請状について、「住民があんな立派な文章を書けるはずがない」「住民は無知」という見解を真に受けてしまう。また、「あるゆる住民の意見を聞けるわけではない」という責任を放棄したモザンビーク側の行政の意見が出てくる。住民の意見は「ウェブにあげている」というが、住民の住居にWi-Fiへのアクセスが整っていないのが現実である。住民はそれぞれ意見を持っている。住民団体がそれらを要請状にまとめて、政府に意見を述べると、エリートは住民には意見の集約などできないと言う。もっと言えば、それをしてもらっては困るというのが本音なのだ。

援助をめぐる概念が「開発協力大綱」によって「国益」優先となり、ゆがめられている今だからこそ、住民重視、困っている人に援助をという理念の下、援助を住民の手にもどしていく努力をしなくてはならない。

(19)（2020年7月27日モザンビーク「プロサバンナ事業」日本政府が中止に① - Bing video 2022年3月29日閲覧。

確かにインフラの整備には貢献してきた。道路、空港、港湾などである。日本の自動車がその後、それらを使って走ったとしても。また、日本の企業が港湾を使って資材・原料を輸出したとしても。しかし、セブ、インドネシア、パラワンの例では住民の環境、住居の移転、健康に問題が生じた。「環境社会ガイドライン」が十分に機能していない。だからこそ、「ガイドライン」をしっかりと守るように、援助機関ＪＩＣＡに圧力をかけ続けねばならない。日本政府側も「ガイドライン」を守って「国際協力」しなければならない。ただ単に日本のインフラ整備力を誇りにしているだけでは自制はきかない。

このガイドラインには罰則をつけるべきだ、という意見がある。[20] どのような罰則をつけるべきか、議論する必要があるが、プロジェクトを止めるという案も1案だろう。

ガイドライン改定諮問委員会

ここで注目されるのが、国際協力機構環境社会配慮ガイドライン改定に関する諮問委員会の開催である。[21] 委員会は２０２０年８月からおよそ1か月に1回開かれ、２０２１年10月27日に第12回をもって、終了した。委員は16名おり、座長が大学研究者、他に大学研究者２名、政府代表（外務省、財務省、経済産業省、環境省）４名、民間企業（三菱商事、三井物産、コンサル会社、建設業界団体）４名、ＮＧＯ、ＮＰＯ（日本女性監視機構、

(20) 前掲『徹底検証ニッポンの ODA』、301 ページ)
(21) https://www.jica.go.jp/environment/guideline/advisory_board.html 2021 年 10 月 8 日　閲覧。

ESD-J、「環境・持続社会」研究センター、コンサベーション・インターナショナル・ジャパン、メコン・ウオッチ）5名である。加えて、応対にあたるＪＩＣＡからは11名が出席している。傍聴者が認められ、コンサルティング関連団体やＮＧＯ代表数名が参加している。会議ではガイドライン改定に向けて熱の入った議論が毎回展開された。議事録がインターネットで公開されている。

２０２１年3月第7回諮問委員会の議事録（35ページ）で、座長が「ＪＩＣＡは人権保護団体ではない」と発言している。傍聴人の波多江秀江さん（Friend of Earth）が住民が受ける影響として、次のような例をあげている。

例えばインドネシアですとかミャンマーですとか、ほかの東南アジアの案件を見ておりますと、個別の案件に例えば反対あるいは懸念を持たれる住民の方たちが抗議デモですとか、そういった手段に出たときにやはり軍・警察が出てきてゴム弾が発射されたりですとか、それから、催涙弾が住宅地に投げられたりですとか、そういったことというのがやはりあるんですね。それをやはり主権部分ということで見逃すことはできないと思うんです。この日本援助としてやる中で。なので、こうした要件（では）、地域住民の安全を侵害してはならないという要件をしっかりと盛り込んでいく方向でぜひまた考えていただきたいというふうに思っております。以上です。

（それに対して、座長が一言）

○座長　ありがとうございました。ＪＩＣＡそのものは人権保護団体ではないので、なかなかどこまで手が及ぶかということについてはまた議論が必要だと思いますけれども、ご意見を頂戴します。

ＪＩＣＡは人権尊重を掲げ、新環境社会ガイドラインを策定中である。人権団体並みの配慮が必要であるのに、座長がＪＩＣＡは人権保護団体ではないと言う。私がＪＩＣＡに問題ありとしてＥメールで投書すると、返事をもらった。ガイドライン改定文案では「保安要員やその他の安全確保のための要員を用いる場合には、予防と自己防衛目的を除き警備能力の行使を行わないことを確認する」の一文をつけたという。座長も人権配慮を重要と考えており、諮問委員会で丁寧に議論を進めてきた――という。これに対して、私は次のように述べた。

ありがとうございます。ＪＩＣＡは人権保護団体と同等の人権感覚をもっていただかないと、環境社会配慮ができない。その点で、座長は認識が甘いといわざるを得ないと思います。それでも、委員会が人権を考え、改定文案をつくっていただいたことは評価できます。そもそも保安要員を必要とする案件となった場合、ＪＩＣＡはそのプロジェクトを見直す必要があるとさえ、思います。」旨、応対した（2021年6月21日）。

ガイドライン改定文案については2021年7~8月にJICAのホームページを通じてパブリックコメントを募集した。パブリックコメントは、ガイドラインに沿ってプロジェクトが行われなかったという「異議申し立て手続き」要綱改正案に関する意見と合わせて、300件以上という反応のよさを示した（第12回議事録 29頁）。新ガイドラインは2022年1月に成立した[22]。

改正の趣旨は以下のとおりである。

国際水準の環境社会配慮を実現し、更に迅速かつ現実的な事業展開ができることを狙いとしています。環境社会配慮の責任は相手国等であり、JICAは支援と確認を行うといったこれまでの環境社会配慮ガイドラインの基本的な考え方や枠組みに変更はありません[23]。

ということで、大きな改正は見られなかった。「支援と確認を行う」というが、日本語版には「…を求め、確認する」と同趣旨のことが書かれているのに対して、英語版では

(22) https://www.jica.go.jp/environment/guideline/index.html 2022年3月24日閲覧。
(23) 前ページ。

「requests」だけしか使われていない。つまり、「…を求める」のみである。これまでその点をめぐり誤解が生じてきているだけにrequests and verifies（求めて、検証する）として正確を期すべきである。どうもこの辺は意図的にverifies（検証する）手間を惜しんで、省略しようとしているようなＪＩＣＡの消極的姿勢が感じられる。

外務省のＯＤＡ評価

外務省に『ＯＤＡ評価ガイドライン』というのがある。２０１７年『「外交の視点からの評価」拡充に向けた試行結果』という有識者協議を経て、２０２１年版がウェブで公開されている。(24) 援助の実施機関ＪＩＣＡのガイドラインがＯＤＡで環境・社会に影響が出る場合に備えているのに対し、こちらは援助の立案・企画機関である外務省がＯＤＡを評価する際のガイドラインを定めたものである。

ガイドラインの概略は次の通りである。ＯＤＡ評価の目的はＯＤＡの管理改善と国民への説明責任の確保だという。管理改善とはＯＤＡ活動を検証し、提言や教訓を策定、実施過程にフィードバックすることで、ＯＤＡ管理を支援し、質の向上を図る。説明責任の確保とは、結果を公表し、国民への説明責任を果たし、ＯＤＡの透明性を高め、ＯＤＡへの国民の理解と支持を促進することである。

(24) https://www.mofa.go.jp/mofaj/gaiko/oda/kaikaku/hyoka/siryo_3_a.html 2021年8月3日閲覧。

外務省は評価方法として、「主に国別評価、課題別評価等、政策レベルの評価を第三者評価（外部の独立した第三者による評価）の形態で実施する」と言う。「実施した評価の結果はＯＤＡ評価報告書及びＯＤＡ評価年次報告書として、外務省ホームページなどを通じて公表する」そうだ。

そして、評価基準として、開発の視点と外交の視点から判断するという。開発の視点とは政策の妥当性、結果の有効性、プロセスの適切性ということで、援助が妥当、有効、適切だったかを判断する。外交の視点とは「日本国内の厳しい経済・財政事情の中、国民の貴重な税金を使用して実施するＯＤＡについては、被援助国の開発に役立っているかという開発の視点だけではなく、日本の国益にとってどのような好ましい影響があるかという『外交の視点』からの評価を行うことが重要である。」という。

このあたりは、「外交を機動的に展開していく上で、開発協力は最も重要な手段の一つ」と定めた２０１５年の『開発協力大綱』と軌を一つにしている。考えるまでもなく、援助とは助けを授けること。つまり、「被援助国の開発に役立っているか」ということが大事なのだ。外交＝国益の重視というのは重要ではない。国益とは領土、経済的利益などを指す。外交を持ち出すから、領土問題、日本企業の利益がかかってくる。繰り返し言っておく。援助は外交の手段ではない、また、手段にすべきではない。援助は被援助国の開発に役立っているか、もっと言えば、人々の目指す開発に役立っているか、によってのみ判断されるべきである。

このガイドラインに沿って、『ODA評価年次報告書』『ODA評価実施案件』『ODA国別評価報告書』などが書かれる。[25] 例えば、『令和元年度外務省ODA評価 フィリピン国別評価（第三者評価）報告書 令和2年3月』（2019年）がある。[26] 評価主任、大学研究者A、アドバイザー、大学研究者Bとある。

A教授には評価作業全体を監督・指導いただき，アドバイザーのB教授には，フィリピンについての専門家として，適切な調査・分析，報告書作成に当たって必要な助言をいただきました。

評価チームにはコンサルタンティング会社NTCインターナショナル（株）の5人が加わっている。現地調査は15日間であり、ミンダナオへは「治安上の制約から渡航が叶わなかった」という。それなのに、ミンダナオを含めて、国別調査としてそれなりにまとまっているようにも見える。

インフラ整備に関して、「一般国民のレベルでも、日本による支援は初期に費用がかかったとしても，長期的にはコストパフォーマンスがよいものと認識されている」と指摘

(25) https://www.mofa.go.jp/mofaj/gaiko/oda/about/index.html　2022年3月11日閲覧。
(26) https://www.mofa.go.jp/mofaj/gaiko/oda/files/100052427.pdf　同上閲覧。

する（35ページ）が、その根拠は「外務省南部アジア部南東アジア第二課（２０１９年９月13日）、フィリピン財務省（２０１９年10月23日）、フィリピン運輸省（２０１９年10月24日）、ＷＢ（世界銀行２０１９年10月31日）からのヒアリング」である。「一般国民のレベル」と言いつつ、役所、援助機関ヒアリング情報なのである。

また、社会性・民族性への配慮として、「個別案件の実施において、ＪＩＣＡ環境社会配慮ガイドラインに沿って、当該調査が行われるほか、フィリピン政府がモニタリングを行い、ＪＩＣＡに報告する。鉄道や道路の建設、河川改修 案件の実施においては住民移転を伴う場合が多く、住民による一部反対があり、土地収用が遅れている例もあり、フィリピン省庁が地方自治体と連携しつつ調整を進めている」（41ページ）という。しかし、評価書なら、「一部反対がある」ならば、ＪＩＣＡはなぜなのか、調査すべしと記すべきである。「住民による一部反対」の論拠として、The PhilippineStar 記事「More Metro residents plead: Spare our homes from subway」２０１９年９月27日（https://www.philstar.com/opinion/2019/09/27/1955345/more-metro-residents-plead-spare-our-homes-subway, ２０２０年1月 23日最終閲覧）、「土地収用が遅れている」の論拠として、鉄道円借款事業、フィリピン鉄道訓練センター設立・運営能力強化支援プロジェクト（２０１９年10月26日）からのヒアリングを挙げている（41ページ）。だが、問題点についてはは当然、住民の声も聴くべきである。にもかかわらず、政策の妥当性、結果の有効性で評価A、きわめて高い、プロセスで評価B、高いという結論を出している。

なお、別冊に主要インタビュー先リスト、現地調査日程が出ているが、15日間という現地調査期間が短すぎる。調査には1～2か月かけてほしい。調査対象にも住民を入れてほしい。

また、2011年、外務省は政府系研究機関のC氏（フィリピン研究）を評価主任として、『平成22年度外務省第三者評価フィリピン国別評価（第三者評価）2011年3月』を刊行した。(27) 2010年10月～2011年3月の調査である。現地インタビューは11月20日から12月3日までと記され、JICA、コンサルティング会社、外務省、相手国政府機関中心で、NGO代表は1人である。プロジェクトで影響を受ける住民が入っていない点も2019年版と同様である。

現地調査には、評価チームから大学研究者1名、野村総合研究所員2名が参加した他、外務省国別開発協力第一課の事務官がオブザーバーとして同行している（22ページ）。オブザーバーであっても、参加したら、第三者報告にならないではないか。

(27) https://www.mofa.go.jp/mofaj/gaiko/oda/shiryo/hyouka/kunibetu/gai/philippines/kn10_01_index.html。同前閲覧。

援助案件に関わって

私が援助案件にこだわるのは私自身の体験があるからだ。２００６年から２００８年まで、ＪＩＣＡ中国に呼ばれて、フィリピンの国別援助に指導教官として関わった。「国別研修・フィリピン『女性起業家育成支援』」というもので、ＪＩＣＡ、広島県、財団法人広島県女性会議、ひろしま国際センターが主催した。

JICA 女性起業家育成支援　JICA 中国　2006 年 11 月

毎年フィリピン女性の起業を支援するＴＥＳＤＡ（技術教育技能開発庁）や労働雇用省などの職員を約10人呼び、11月来日してもらって、日本の女性起業家の現状、フィリピンの中小企業の現状を学ぶ。そして、約1か月、広島／九州の女性起業家の現状、市場開拓、ビジネスプランのポイント、男女共同参画の現状を学ぶ。その後、アクションプラン（実施計画）をつくり、フィリピンに帰ってから、どのような起業支援をするかについて発表する。私はフィリピンの中小企業の学習、計画の作成・発表に立ち会うなどした。

ＪＩＣＡから、私は講師謝礼、名古屋から東広島への交通費、および東広島での宿泊費を受け取った。JICAから依頼を受けた理由は、企画した職員が拙著を読み、フィリピンの地場産業に関して私に講師に値するだけの技量があると見込んでくれたからである。そして、電話の依頼が2005年初頭にあった。東広島のひろしま国際センターに2006年11月、12月にそれぞれ2泊3日した。2007年、2008年も同様だ。JICAの研修プロジェクトの一環として、「無償協力」として日本の国際協力費から支出されたわけである。

2006年研修の際、実施計画の内容は面白かった。だが、本国で行うには予算の締切が間に合わない、という指摘が参加者からあった。あまり気にしなくてよい、これはあくまで仮のプロジェクトととらえてほしいが、主催者JICA側の回答だった。

私は、研修員が帰ってから、当該プロジェクトで予算をとり、実行していますという中間報告がほしい、3か月、6か月後と期限を区切って報告してもらう仕組みをフィリピン出先のJICAでつくってほしい、とJICA職員に要請した。職員は現地に要請を出すから、待ってほしい、とのことだった。数週間後、現地からそうした要請を出すのは難しいという回答を得た、と当該職員から返事をもらった。

援助プロジェクトの場でよりよい援助となるように、JICA職員に教官（私）から要請したのである。専門知識をもつ、先生と持ち上げられる。それを受けて慢心するのではなく、自分の提供している知識・情報が役立つことを実感できる方法を模索したのである。

(28) 拙著『フィリピンの地場産業―鍛冶屋と魚醤』、明石書店、1998.

ＪＩＣＡにすれば、面倒くさいことを教官が求めてくる、と感じる例だったと想像するが、そうした努力は怠るべきではないと思う。援助の評価書をつくるのであれば、調査期間も最低1か月くらいとってじっくりと調べる。住民に直接話を聞く。その結果を報告書にまとめて、外務省に提出して反省をせまる。それくらいのことをして、援助を変えてやろうという気概がほしいのである。それくらいでないと評価書とは言えないのではないか。

開発協力適正会議――案件形成前

さらにＯＤＡに関しては開発協力適正会議という監視機関が外務省の下にある。外務省ＨＰは言う。

ＪＩＣＡによる無償資金協力（プロジェクト型）及び円借款事業（プロジェクト型）等に関して、関係分野に知見を有する独立した委員と意見交換を行うことを通じて、事業の妥当性を確認するとともに、ＯＤＡの質と透明性の向上を図ることを目的に、国際協力局長の下、開催。戦略的・効果的な援助の実現に向けたＰＤＣＡサイクル強化の取組の中核に位置付けられる。[29] PDCA とは、plan「計画」、do「実行」、check「評価」、act or action「改善」を示す。このサイクルで援助が実施されているか、ＰＤＣＡサイクルを重視する

（29）https://www.mofa.go.jp/mofaj/gaiko/oda/about/kaikaku/tekisei_k/index.html　2021 年 8 月 4 日閲覧。

という。

２０１１（平成23）年10月に第1回会合を開催した。会合は2か月に1度をめどに開催する。原則として、会合は公開であり、資料及び議事録はホームページで公開する。1会合で議題にのせる個別案件数は原則として4件である。議題の選定は、各委員の採点に基づいて地域バランスをとりつつ行われる。

委員はＮＧＯを含めた経済界、学界、言論界等からの有識者から構成される。任期は原則2年で、最大10年まで延長可で、現在7人いる。座長・大学研究者（専門：国際金融論）、座長代理・ＮＨＫシニアディレクター、経団連・国際協力本部長、笹川平和財団、日本貿易会・常務理事、ＮＧＯ「ＦＯＥ」顧問、「環境・社会センター」理事が入っている。ＦＯＥはFriend of Earthの略である。環境・社会センターは環境と社会的公正を目指すＮＰＯである。

対象は無償資金協力（プロジェクト型）、円借款事業（プロジェクト型）等である。会議にかけるタイミングは協力準備調査前（案件形成前）である。運営については、資料を事前配布、公開（一般傍聴可、配布資料は原則公開）とする。

議事録はＰＤＦで公開されており[30]、ひととおり読むと、ＮＧＯの視点で個別案件への提案がなされていて、興味深い。外務省、ＪＩＣＡ関係者がアリバイづくりにＮＧＯ関係者を招いて議論するというよりも、実質的な審議を重ねている様子がうかがえる。

(30) https://www.mofa.go.jp/mofaj/gaiko/oda/about/kaikaku/tekisei_k/index.html。2022年3月11日閲覧。

ただし、会議の議題となる案件は3〜4以内で、協力準備調査前（案件形成前）ということで、援助案件が実施される前である。その時点で、NGOの査察が入り、妙な案件が実施されなくなるというメリットはある。しかし、援助が開始されてから、問題が生じた場合、これではストップをかけられない。インドネシアのダム案件、フィリピン・セブの埋め立て・道路建設など、問題が生じた時への歯止めにはならない。そこはどう止めたらよいのか。やはり、JICAのガイドラインということになるのだろうか。

よい援助を―基本法の制定を

ここで1975年以来、野党が提出してきたODA基本法案が注目される。原案は1989年上智大学名誉教授・村井吉敬《よしのり》氏（故人）が主宰するODA調査研究会が「国際開発協力基本法案」として、公表した。(31) 当時の日本社会党、公明党、日本共産党が国会に何度か提出したが、政権与党である自由民主党の反対で、審議未了で廃案になってきた。国民の税金が無償資金協力、国民が積み立てたお金（郵便貯金、年金）が有償資金協力に使われることを鑑み、国会で中長期の計画、毎年の計画に関して審議を尽くす趣旨の法案である。

法案は1条（理念と目的）「開発途上地域の住民が…自立と生活、社会の発展を推進し

（31）村井吉敬編著『検証ニッポンのODA』学陽書房、1992年。

ようとする努力に対し、日本が経済、技術、人的な協力を行う」と、住民の努力を日本が支えると明確に定めた。国益は全く無関係である。5条（優先順位）で「最貧地域、最貧困層、社会的弱者を優先的な対象とする」と決めている。環境の保全に関しては8条で「開発途上地域の自然環境、生命体および…生態系…の保全を図らねばならない」として、日本政府が責任を持つと定めた。この点、日本政府には環境保全の責任はない、としたインドネシアのダムを巡る日本の裁判所の判決とは真っ向から対峙する。そして、10条では「相手の政府等が人権の精神と基準に抵触する政策と行動をとっている場合、政府は協力を中止、停止、または変更する」としている。相手政府等が現行JICAガイドラインに背いた場合、何の制裁も受けない、つまり「罰則規定」がないのと対照的である。12条に「実施にあたっては外国政府、国際機関、および内外の民間諸組織と協力し、調整が図られるよう努めなければならない」として、住民不在の援助が行われないように努めている。さらに14条に「すべての情報を原則として公開」として、公開の原則を貫いている。

こうした援助を担う省庁として、21条で「国際開発協力省」設置を呼び掛ける。外務省を排除し、国策の観点を排除するのである。審議会を設け、国会議員、学識経験者、開発協力に関連する民間組織代表、民間代表、国際機関代表を入れる。23条　国会に常設委員会を設置。協力に関する調査、審議、立法を任務とする。

これは「国益」中心主義ではない。日本のODAのあり方を自省し、アジア・第三世界の「普通の人びと」から届けられた声に端を発している。債務のつけを負わされ、あるいはＯＤＡの犠牲になってきた人びとの立場から日本のＯＤＡを振り返ろうという立場である[32]。状況に応じて、援助を受ける側の住民・住民団体の声をプロジェクトに反映させる。罰則もつけて、環境・住民問題を起こさないようにする。そうしてこそ初めて住民から感謝される援助が可能となるのではないか[33]。

基本法なき現実

ただし、こうしたすばらしい援助基本法案も現実に政権与党が強い中では到底望むべくもない。国益中心の援助行政が大勢を占める。その中で、援助を行うＪＩＣＡは国の機関である。政府が国益を求めて援助を行う以上、その意向を無視できない。罰則を設けないガイドラインが最善というものだ。それに従って、粛々と援助行政を見守っていくしかないのだろう。とすれば、住民団体は日本の志を持ったＮＧＯ（メコン・ウオッチ、Friends of Earth、JVC＝Japan Volunteer Center 等）が当該国内の住民団体および住民との連携を続け、援助プロジェクトが自分たちの生計をおかしてきたら、声をあげ、日本の外務省やＪＩＣＡに直接訴えるしかないのかもしれない。その意味で、援助する側と受け取る側の垣根を超えた公共的討議を保障するうえで、市民団体やＮＰＯ／ＮＧＯ、社会運

(32) 村井吉敬編著『徹底検証ニッポンのODA』コモンズ、2006年、４頁。
(33) 村井吉敬「わたしたちの提言―ODA基本法の制定を早急に」藤林泰・長瀬理英編著『ODAをどう変えればいいのか』コモンズ、2002年、266―275頁。

動、ソーシャルビジネス、メディアや研究者が果たす役割は大きい。ＯＤＡが人びとの脅威となったり、脅威を助長したりすることがないよう、私たち一人一人が当事者として関心を持ち、監視し、討議し、発言することが極めて大切となっている。(34)

ただし、あくまで前記したような援助基本法の設定が必要である。何でも閣議決定で決めてしまう。大金に及ぶ国際援助を閣議で決めていいのか。国の根本を決める国際支援。国民や相手の国の人々の声を聴いて、着実に進めていくべき国際支援。閣議決定した開発協力大綱を見直し、援助を国民の手に返すためにも、国会審議を得て、援助基本法の成立を切に願う。

(34) 長瀬理英「『普遍的価値』と『人間の安全保障』―ＯＤＡ大綱の見直しをめぐって」 甲斐田万智子、佐竹眞明、長津一史、幡谷則子共編著『小さな民のグローバル学―共生の思想と実践をもとめて』上智大学出版、2016 年、202 頁。

3

戦後日本との人流

日本人との交流

フィリピンと日本との交流は国交が回復した1956年に始まった。日本人とみれば、石を投げられるという具合に対日感情は良好ではなかった。

1962年、皇太子明仁（当時。のちの平成天皇、現上皇）がフィリピンを訪問した時、最高学府フィリピン大学を訪問し、笑顔の学生たちに囲まれた。しかし、一部の学生がデモを計画していたという。大学副学長が「皇太子は戦争に直接関係はないのだから、迎い入れよう」と説き伏せ、デモは実施されなかったという[1]。

1960年日比友好通商航海条約が結ばれると、日本ではすぐ国会で批准されたが、フィリピンでは日本の経済的影響が強まるとして、上下院で批准されなかった。日本からの投資は増えなかった。それを一気に増やしたのが、フェルディナンド・マルコス大統領（大統領職位1965-1986）による戒厳令実施（1972年9月）である。立法、行政、司法、軍の権力を一挙に収めた彼は、1973年12月、日比友好通商航海条約を自ら批准した。翌年1月、田中角栄首相の東南アジア諸国歴訪の直前であった。

そして、田中首相の訪比直後、川崎製鉄（2002年日本鋼管と経営統合、現JFE

(1) 水谷竹秀「フィリピンから見た天皇訪問　静かな空気が意味するもの」2016年2月2日（Wedge Infinity https://wedge.ismedia.jp/articles/-/6029、2021年3月15日アクセス）

ホールディングス）社長がマルコス大統領を訪れ、鉄を石炭で焼き固める（シンタリング）工場をミンダナオでつくることを決定した。川鉄の千葉工場では環境問題が深刻化していた。(2) 煙突から噴出する煙の煤塵から、住民が肺、喉の異常を訴え、川崎製鉄を相手に訴訟を起こしていた。公害を外国に移す「公害輸出」であった。以降、日本企業のフィリピン進出が盛んになった。１９７６年、日本の企業が出資した合弁企業は385あり、日本の大手が出資した合弁事業は１０５社あった（Tsuda, 1978:13,24）(3)。

味の素、花王、トヨタ、パナソニック（当時、ナショナル）、東芝、日立、サンヨー電気（当時）など日本の主要企業が合弁企業をつくり、フィリピン内で製造、販売していた。以後、２０００年代に韓国、中国企業が台頭して日本のお株を奪うまで、日本の独壇場であった。

なお、戦争によってこの地で亡くなった兵隊の遺骨を収集する日本人の遺骨収集もマルコス時代に始まり、遺骨収集ツアーが組まれるようになった。

１９８０年

１９８０年、私が初めてフィリピンを訪れた際は、戒厳令時代（１９８１年まで）であり、日本が旧宗主国アメリカの市場をフィリピンで奪いながら、復活した「帝国主義」国

(2) 津田守「1970年代のフィリピン追想 Part4」*Navi Manila*,Vol. 12,2012年12月1日。
(3) Mamoru Tsuda, *A Preliminary Study of Japanese-Filipino Joint Ventures*, Foundation for Nationalist Studies, Manila, 1978.

小袋に入ったアジノモト

ぶりを発揮していた。軍国主義に代わって、経済の力で東南アジアを「侵略」しようとする「市民服を着た軍隊」「第二の侵略」(4)と呼ばれていた。韓国も中国も対外経済進出を果たしていない時期だった。

当時、「味の素」の巨大なネオン・サインがマニラの中心キアポの橋近くにあった(5)。電化製品は日本製がほとんどだった。テレビ、冷蔵庫、洗濯機、カセット・テープレコーダー、ベータマックス（家庭用ビデオ。ソニーが独占販売）、電気炊飯器、ウオークマン（カセットテープを入れて、ヘッドフォンで聞く）などがあった。車もトヨタ、日産、三菱、ホンダ、スズキの乗用車。アメリカのフォード、西ドイツ（当時）のフォルクスワーゲンがあったが、国産車はない。フィリピンが誇るジープニーはモーターがいすゞ製だった(6)。バスも日野、いすゞ製。当時のタクシーは今と異なり、日本の中古タクシーだった。バイクは別名ホンダ、スズキ、カワサキと呼ばれるほどだった。カメラは日本の独壇場。1本の写真フィルム（フジ、サクラ）は1日の労働者の最低賃金程度だった（15～20ペソ(7)）。

こうして市場は日系企業ががっちりと握っている様子だった。

日本といえば、いろいろな工業製品が生まれてくるところ、そんなイメージが培われて

(4) レナト・コンスタンティーノ『第二の侵略』津田守監訳、全生社、1990.
(5) 味の素については拙稿「フィリピンでの消費」グループ食編著『大きな顔した調味料』（電子版）径書房、1988年、169-203ページ。
(6) https://www.bing.com/images/search?q=ajinomoto+Philippines&form=HDRSC3&first=1&tsc=ImageBasicHover　2022年3月31日閲覧。
(7) 佐竹眞明「オール・アバウト・ジャパン・イン・フィリピン」。『スーパーガイドアジア・フィリピン』JICC出版局、1982年、72ページ。

いってもおかしくない。1980年の日本は工業的にアジアで最初に復活し、先進国の仲間入りをした国だった。1979年には先進国7か国の会議G7が東京の迎賓館で開かれている。

買春観光から日本への出稼ぎ・結婚

こうした好景気時代を象徴するのが、日本人男性がアジア諸国で悪名をとどろかせた「買春観光」である。1964年の日本人海外旅行者は13万人だったのが、1969年にジャンボ機導入で国外渡航費用が安くなり、1979年には400万人になった。同年の行先別の男性客の比率をみると、アメリカで59・4%、イギリスで50・5%だが、韓国93・7%、台湾91・4%、フィリピン83・7%、タイ78・9%だった。米英などへは男女の割合がほぼ平等だ。しかし、アジアに関しては男性客が圧倒的だった。なぜだったか。

当時、日本交通公社（現JTB）、近畿日本ツーリスト（現近畿日本ツーリストコーポレートビジネス）など旅行会社と航空会社が提携してパックツアーを販売した。会社や大組織の接待、慰安として、アジア旅行は大人気だった。自動車メーカーは販売店に、3か月に車5台を売れば、マニラ旅行の費用10万円を振り込んだ。資材を買えば、資材会社が建築会社を東南アジア旅行へ招待した。農協の団体旅行も始まった。1972年公開の松竹映画『喜劇誘惑旅行』でも、テレビのクイズ番組で景品がフィリピン旅行であり、旅行を当てた倍賞千恵子とフランキー堺の夫婦がマニラ、ダバオを旅行した。身近になった東南アジアの存在を示していた。買春旅行では、男性が現地の女性に代金を払って性行為を求めた。悪名高い「セックス・ツアー」である。アジア旅行で男性の割合が高かったのは、これが理由である。

買春観光は台湾から始まった。1960年代、日本人団体客が押し寄せ、台北郊外の新北投《ぺいとう》温泉を中心に日本式キャバレーが増えた。だが、1972年日本が中華人民共和国と国交樹立し、台湾との国交を断絶した。代わって増えたのが韓国旅行である。日本人が妓生（キーセン）と呼ばれる芸妓を招き、酒宴を開き、その後、買春行為を行った。さらに、バンコクの繁華街パッポンの隣に日本人相手のバー街、タニヤ通りができ、地元で「ソイ・ジープン」（日本人横丁）と呼ばれた。フィリピンでも、1978年、観光立国を目指して、国際線の相互乗り入れを実施し、外貨獲得を目指した。戒厳令下の1979年マニラのラマダ・ホテル（今はロビンソン・モールに改装）で起きた集団買春事件も特筆される。ホテルの大広間で日本人団体客200名が女性を指名し、部屋に同伴したのである。

1981年1月鈴木善幸首相のアセアン訪問では、マニラやバンコクで買春観光に反対する抗議運動が盛んに繰り拡げられた。1981年、マニラのエルミタで1人で食事をした。周囲を見渡すと、フィリピン女性をはべらせた日本人の男性観光客を複数みかけた。女性をホテルに連れ込む前の日本の男性客であふれていた。

1983年8月。元上院議員のベニグノ・アキノ・ジュニア氏(50歳)がマニラ国際空港で暗殺された。マルコス独裁を倒しうる有力な政治家がアメリカから到着した直後、軍人に飛行機から連れ出され射殺された。これにより、マルコス打倒運動が一気に国内で高まった。政情不安を恐れて、外国の銀行や政府が貸付を拒否し、フィリピンの政治・経済危機が深まった。1984年の日本人観光客も16万人弱となった。1980年時と比べて10万人も減ってしまった。

マニラに日本人が来なくなったなら、フィリピン女性を日本に行かせよう、というのがフィリピンからの「ジャパゆき(8)」誕生のきっかけだった。マニラに拠点を置く日本人のカラオケ・バー経営者が買春観光で訪れた日本のヤクザと関係をつくった。また、1970年代にディスコ・ブームでフィリピン人バンドを呼んだ日本のプロモーターがフィリピン女性に興行ビザを取らせて来日させるようになった。こうして、日本人男性の買春観光が下火になる中で日本への出稼ぎが増えた。

やがて、日本のクラブ、バー経営者がマニラを訪れ、直接女性をスカウトし始めた。ヤクザ以外のプロモーターも生まれた。フィリピン人のリクルーターも増加していく。さらに、日本の需要が増加、エルミタの「バーガール」だけでなく、ルソン各地、ビサヤ、ミ

(8) 日本 Japan に出稼ぎに行くアジアからの労働者を指し、男性なら Japayuki 君、女性なら Japayuki さんと呼ばれた。売春業を行なっていた者に限定するのは誤りである。(『別冊宝島 54 ジャパゆきさん物語』1986 年)。かつて 19 世紀後半、主に東アジア・東南アジアに渡って働いた日本人は「からゆきさん」(唐行きさん)と呼ばれた。

ンダナオにとスカウト網を拡げていった。その過程で、「バーガール」ではない多くの女性が、歌手、ダンサーとしての訓練を受け、「エンターテイナー」として興行ビザで来日するようになった。1982年労働雇用省が設置したフィリピン海外雇用庁（POEA）が歌、踊りの審査を行い、「海外芸能アーティスト」（OPA=Overseas Performing Artist）の資格を得たフィリピン女性が日本大使館に興行ビザを申請するようになったのである。[9]

こうして、OPAとして日本に来日するフィリピン女性が増えると、男性客と知り合い、結婚するようになった。これがフィリピン－日本国際結婚の流れである。その他に、1985年から農村の自治体が結婚業者と組んで、日本人男性がフィリピンに行って集団お見合いをして結婚をまとめる「村の国際結婚」もあった。[10] 出張・留学でフィリピン滞在中に女性と出会うといった例もある。ともかく、OPAとして出稼ぎにきて、そして結婚というパターンが多かった。[11]

その後の日比結婚

1990年代から2000年代にかけて、日比結婚が日中結婚と並んで国際結婚のトップに立った。1992年から1996年、そして2006年にトップの座に輝いている。しかし、2005年、アメリカ国務省が人身取引の報告書を出し、外国人エンターテ

(9) 佐竹眞明、ダアノイ・メアリーアンジェリン『日本 - フィリピン国際結婚―移住から多文化共生』めこん、2006年、14ページ。
(10) 宿谷京子『アジアから来た花嫁－迎える側の論理』明石書店、1988.
(11) 佐竹、ダアノイ、前掲書。
(12) Tokoro Ikuya."' Center/Periphery' Flow Reversed?: Twenty Years of Cross-border Marriages between Philippine Women and Japanese men." In Sari Ishii ed., *Marriage Migration in Asia: Emerging Minorities as the Frontiers of Nation-States*, NUS press: Singapore, 2016, p. 105.

イナー出稼ぎが人身取引の温床となっていると指摘し[12]、何らかの対策をとらないと日本に貿易上の制裁を科すとした。慌てた日本の法務省と出入国管理局（現在出入国残留管理庁）はそれまでの出入国管理政策を転換し、外国の機関が認定したエンターテイナーの資格を認めないと決定した。フィリピンからのエンターテイナーも入国を制限された。２００４年に13万４８７９人（フィリピン人は８万２７４１人）だったのが、２００５年に９万９３４２人（フィリピン人４万７７６５人）、２００６年には４万８２４９人（フィリピン人８６０８人）と激減した[13]。

この政策転換の影響で、日本のパブ、クラブで接客をしていたフィリピン人（９割が女性）が大幅に減り、日本人の男性客との出会いは減り、日本人との結婚は数が減った。１９９５年７１８８８件、２００６年１万２１５０件、２０１５年３０７０件、２０１９年３６６６件である。

他方、日本人と結婚したフィリピン人女性たちは言葉（日本語）の学習、就職、出産、子育て、子どもの教育といった問題に直面していく[14]。その様子は漫画にも描かれた[15]。

現在の２０２２年。フィリピンの母親と日本の父親から生まれた「ハーフ」が成長し、大学を卒業していく。30代を迎える[16]。子どももった「ハーフ」もいる。

２０１２年11月、私は久しぶりに四国に行った。四国時代に友人となった香川県綾歌郡の石見さん（65歳）、ラケルさん（59歳）夫妻の長女裕実ちゃんの結婚式だった。いわゆ

---

(13) 佐竹・ダアノイ、前掲、17頁. (14) 高畑幸「国際結婚と家族—在日フィリピン人による出産と子育ての相互扶助」石井由香編著『講座　グローバル化する日本と移民問題　第Ⅱ期　第４巻　移民の居住と生活』、明石書店、2003年、255-291頁. 佐竹・ダアノイ、前掲。佐竹眞明・金愛慶編著『国際結婚と多文化共生－多文化家族の支援にむけて』明石書店、2017年。佐竹眞明「四国の山村における国際結婚—フィリピンからの『小さな民』の生き方」甲斐田万智子、佐竹眞明、長津一史、幡谷則子共編著『小さな民のグローバル学—共生の思想と実践をもとめて』上智大学出版、2016年。Masaaki Satake, "Enduring Love in Marginal Hamlets: Agency, Close Encounters, and Mutual Negotiations in Filipino-Japanese Intermarriages", *Philippine Sociological Review,* Volume 66, 2018, pp. 53-82.

(15) 前田ムサシ『フィリピン妻４コマ日記』PHP研究所、2012年。同『フィリピンかあちゃん奮闘記 in ジャパン』ぶんか社、2013年。

(16) 母親がフィリピン、父親が日本という「ハーフ」は相撲力士の高安（32）、御嶽海（29）、俳優の秋元才加《あやか》（34）、モデルのラブリ（32）、ダンサーの白濱《しらはま》亜嵐《あらん》（29）などが知られる。

る「できちゃった婚」で、新婦のおなかが大きくなっていた。ほどなく後、次女の玲奈《れいな》ちゃんも結婚した。今では裕実ちゃん、玲奈ちゃんに３人ずつ子どもがいる。石見夫妻は１９８６年に結婚し、２０１２年には55歳くらいだったから、私が知る日比夫婦として初めての孫が生まれたケースだった。

　また２０１７年から１年間、大学の研究留学でオーストラリアで暮らした際、今井一郎さん（68）とエスターさん（68）夫婦にも久しぶりに会った。１９９９年に一家５人で東京から移住した夫婦だ[17]。当時娘さんたちは16歳、12歳、９歳だったが、今は成長している。真ん中の子が日本で英語を家で教えていて、一番下の子がシドニーのテレビ局に勤めている。長女が子どもを連れて、夫妻自らが運営する教会にやってくる。ここも孫が生まれている。

娘、孫と　イタリア・トスカーナ地方　2022年２月

　身辺を振り返ると、２０１５年勤務校を卒業した女性（母親がフィリピン人）が２０１９年にフィリピン男性と結婚し、その子どもが生まれている。我が家でも、２０１３年からイタリアでレストランで働く長女（31歳）が２０１４年からイ

（17）佐竹・ダアノイ、前掲、192-193頁.

タリア人男性と同棲。正規に結婚する前の2021年1月に女の子を授かった。3月に二人は結婚した。こうして、日比結婚の事例では孫の誕生が最新のニュースになりつつあるようである。

4

ドゥテルテ、大統領選挙、マルコス政権と日本

ドゥテルテ政権の評価

２０１６年ミンダナオ島ダバオ市の市長が大統領に選ばれた。ロドリゴ・ドゥテルテ氏（71歳＝当時）である。大統領選挙には対立候補として、前大統領アキノ氏が後継指名した元運輸省大臣マヌエル・ロハス氏、上院議員だったフェルディナンド・ポー氏、副大統領ジェジョマール・ビナイ氏等がいた。ロハス氏とポー氏は合わせると、ドゥテルテ氏の得票を超えた[1]。ビナイ氏はマカティ市長時代、蓄財しており、汚職の噂が絶えなかった。ドゥテルテ氏は単独でトップの投票を得た。選挙時の公約は麻薬犯罪の撲滅である。これが思いのほか、階層を超えてアピールした。

ドゥテルテ大統領

その背景には、フィリピン政治を専門にする日下渉の言葉を借りると、「規律なき腐敗した者たちのせいで、公的サービスが機能不全に陥ってしまったという（国民の＝引用者）『腐ったシステム』への怒りがある[2]」。

（1）https://www.bing.com/images/search?q=%e3%83%89%e3%82%a5%e3%83%86%e3%83%ab%e3%83%86&form=HDRSC3&first=1&tsc=ImageBasicHover　2022年3月31日閲覧
日下渉「国家を盗った『義賊』—ドゥテルテの道徳政治」、外山文子、日下渉、伊賀司、見市進編著『21世紀東南アジアの強権政治—「ストロングマン」時代の到来』明石書店、2018年、109-147ページ。
（2）日下渉「国家を盗った『義賊』—ドゥテルテの道徳政治」、外山文子、日下渉、伊賀司、見市進編著『21世紀東南アジアの強権政治—「ストロングマン」時代の到来』明石書店、2018年、109-147ページ。

企業は国税庁に賄賂を払って脱税する。密輸業者は税関に賄賂を使ってビジネスをする。バスやジープニーの経営者は運輸局に賄賂を用いて車両の整備を怠る。交通違反者は警察に賄賂を渡せば見逃される。警察に賄賂を払えば違法伐採も違法漁業も黙認される。こうした腐敗は公式の制度を侵食していく。公的サービスは機能不全に陥ったと人々はみなした。ドゥテルテ氏の「規律」が支持されたのは、腐ったシステムをどうにかしたい、と考える人が増えてきたことを意味したという。

この点は、「ドゥテルテ革命」が生じたと衝撃的なコラムを2016年7月に書いた故シオニル・ホセ氏と論点が重なる。つまり、汚職、衰弱し切った制度、国民の無気力によって、内部爆発に向かっていた社会がこの男によって変えられようとしている、と期待、予測したのである(3)。

とりわけ、多くの人が海外出稼ぎや海外旅行を通じて、法規制が厳しく運用されている諸外国の生活を知るに及んで、変わらぬ母国への不満を蓄積させている。2010年から16年まで、アキノ政権では国内総生産の伸び率が6〜7%（ドゥテルテ政権でも19年まで6〜7%）であり、中国と並んでアジアの成長国、優等生と呼ばれた。経済成長が続き、「新興国」の仲間入りを果たしつつあるなか、これまでしょせん「途上国」とあきらめていた問題に耐えられなくなった。このように、ドゥテルテ氏が勝利した背景には、「いまこそまともな国民国家を築きたいという人々の渇望があった」と日下は述べる。

(3) “The Duterte revolution”, *Philippine Daily Inquirer,* 30 July, 2016。

さらに、「義賊」が国家を乗っ取ったと日下は分析する。「義賊」というのは、18世紀の西洋で拡大する市場経済の下、地主や商人が利益追求を優先し、共同体に住む貧しい民衆の生活を保護するという伝統的な義務を放棄していく中で登場した。国家は「囲い込み」によって、新興ブルジョワの経済活動を支える半面、民衆からの土地収奪を正当化した。社会不安の中、富裕層から掠奪して生計を立て、民衆にも分け与える義賊に、国家や権威に対抗する者として、民衆は道徳があるとみた。現代のフィリピンでも、極端な不平等社会の下、法はエリートのためにすぎず、法を畏れぬアウトローでないとこの国は変えられない。つまり、法の執行を停止してでも「悪しき他者」を排除する必要があると人々は考えたのである。(4)

では「悪しき他者」とはだれか。それは麻薬の売人あり、使用者である。つまり、ドゥテルテ氏は政権についてから、麻薬使用者、売人を警察が見つけては殺す、残忍な取締をした。警察の行為については、被害者が銃を持って抵抗したからだ、と抗弁した。撃ち殺された被害者の手元には必ず銃が置かれていた。警察の行為に関しては正当な行為だとして、かまわないからどんどん殺せといって、超法規的な殺人を容認する発言を繰り返した。自分が責任をとるとも断言した。警察が認めている範囲で5000人、メディアが発表する数値では1万2000人以上が犠牲になった。独立系メディアRappler紙によると、2020年8月31日までに7884人が警察の手によって殺されたという。(5) そして、投降

(4) 日下、前掲論文、125ページ。
(5) Rambo Talabong “How the Duterte government underreports drug war killings”、*Rappler*, September 18, 2020.

する麻薬犯は120万人に及んだ。

これに対して、国内の政治家、司法から反対の声があがった。しかし、2017年2月、政権はレイラ・デ・リマ上院議員を逆に麻薬犯にしたて、投獄した。[6] また2018年5月、女性初の最高裁判事マリア・ローデス・セレノ氏も任命に不備があったとして罷免された。彼女は大統領の超法規的殺人を非難しており、デ・リマ議員が冤罪で逮捕されたと主張していた。さらに、大統領がフェルディナンド・マルコス氏を国家の英雄の墓に埋葬したことに反対し、ミンダナオの戒厳令（フィリピン軍とISILとのマラウィの戦い[7]の後、2017年から2019年まで布かれた）延長にも反対していた。[8]

国外からの批判に対しては、アメリカのバラク・オバマ大統領（当時）、EU議長、ローマ法王などを、軒並みに売春婦の子ども、(puta'ng ina mo 日本語でバカヤローの意味）と切り返し、アメリカについては人権を語る資格があるのか、とアメリカ統治時代のアメリカ軍による住民虐殺を持ち出した。[9] さらに2019年、ドゥテルテ政権の人権侵害を問題視する国際刑事裁判所（ICC）からフィリピンは脱退した。ICCは調査官を派遣しようとしているが、同政権は入国を認めていない。2022年、後を継いだマルコス政権も同様だ。

肝心の人々の支援だが、富裕・中間層の81％がドゥテルテ氏を支持している。さらに、貧困層の80％、最貧困層の77％が彼を支持しているという。[10] 麻薬問題に巻き込まれた貧困

(6) AFP-BB News「フィリピン上院議員を逮捕、ドゥテルテ大統領批判の急先鋒」2017年2月24日.
(7) 2017年5月～10月マラウィ市でフィリピン軍とISIL関連の組織（アブサヤフ等）との戦闘。900名以上を殺害し、フィリピン軍が勝利した。ISとはイスラム共和国,ILはイラク、シリアのレバントの頭文字。イスラム教徒が多いマラウィ市を舞台に戦闘が行われた。
(8) https://www.independent.co.uk/news/world/philippines-judge-sereno-removal-supreme-court-duterte-democracy-war-drugs-a8348276.html
(9) “Duterte's war on drugs in Philippines draws criticism from the West”、YouTube・2016/10/13 CGTN.
(10) フィリピンの世論調査機関SWSによる調査。2017年3月。

地区でも、「善き市民」を自認する人が危険な隣人たる「不道徳な他者」から麻薬戦争によって救われていると認識しているのではないか、と日下は分析する(11)（132)。いわば道徳と殺人が共存しているのではないか、という。

町の反応

２０１６年の8月、私は勤務校のスタディツアー引率で、フィリピンのマニラとネグロス島を訪れた。特にマニラでは就任から間がない新大統領の評判を聞いて歩いた。大統領と同じダバオ市出身のハリエット・エスカーチャさんはＫＰＡＣ《ケイパック》（金光教平和活動センター）マニラ事務所の代表である。低所得層の集住するナボタスで就学前の子どもたちに保育所を開いている。２００４年に知人からの紹介で知り合い、四国学院大学のスタディツアーで世話になり、その後、フィリピンのスタディツアーのたびにお世話になっている。

彼女に大統領のことを聞くと、「初めてミンダナオから大統領が出たので驚いている」というコメントが帰ってきた。確かにミンダナオ出身の大統領はいなかった。ミンダナオは自然資源は豊富だが、イスラム人口が比較的多く（２０１５年、島人口２４００万人中23・39％を占める)、カトリックが全人口の80％を超えるフィリピンでは独特な歴史を持

（11）日下、前掲論文、132 ページ。

つ。スペイン植民地時代（1565〜1898）も抵抗するイスラム勢力がスペイン支配には入らず、アメリカ植民地時代（1902〜1935）になって初めてその支配に屈した。

さて、2016年当時は大統領が「自分は社会主義者」といって、スカイプ（Skype）でホセ・マリア・シソン氏（83歳）と和平交渉の打ち合わせをして、協調路線をとっていた。シソン氏はフィリピン共産党の創始者で、コラソン・アキノ大統領が就任した時、国民和解のシンボルとして獄中から釈放され、1987年オランダに亡命した。それから、共産党傘下の軍事組織新人民軍（NPA）にフィリピン政府との戦闘を命じてきた。ライシウム大学で教鞭をとっていたシソンの教え子だったため、ドゥテルテ氏はシソン氏を「先生」と呼んでおり、停戦交渉はわずかだが希望を抱かせるものだった。停戦交渉はその後、決裂した。シソン氏は2022年12月16日、オランダで死去した。

ハリエットさんに連れて行ってもらったナボタスで住民の声を聴いた。16名と人数の多かった私

ナルシサさん（写真奥、左から３人目）の話を聞く
2016年８月21日

たちは3組に分かれた。私が訪れた夫婦は夫（55歳）と妻（34歳）、子どもは9歳の息子、3歳の娘、9か月の息子がいた。上の2人の子は以前、妻が一緒に暮らしていた夫との間でできた。元夫はアルコール依存症で、DVが理由で別れたという。家は約4畳ほどの大きさで、裸電球1つだけである。現在の収入は、夫がナボタス漁港で魚の運搬をし、1日400ペソ（約800円）である。それだけの収入だと、生活するのに手一杯である。そこで、政府の政策として、貧困層向けの条件付き現金給付[12]がある。子どもが学校に通う、母親が乳幼児健診を受ける等の条件を満たせば、給付を受けられる。しかし、この夫婦の場合、膨大な書類をそろえられないのと、前の夫のサインがもらえないので、給付を受けられない。

ドゥテルテ氏が大統領になってからは、麻薬取締が厳しくなって、その影響からか犯罪が減った、安心して暮らせるようになったそうだ。やりすぎと思われるのは、麻薬を使用していないのに、疑われた市民が殺されることだという。昨日（2016年8月19日）も屋外のバスケットボール場に、覆面をつけられた3人の遺体が置かれていた。

反省会で、別の学生グループに聞いたところ、新大統領については「結構いい」と評価していたそうだ。毎日、麻薬の売人を捕まえに来るから、そんなに売人がいるんだろうと思うようになった。外出制限があり、夜10時以降は子どもは外に出ていけなくなった。

(12) CCT = Conditional Cash Transer 条件付き現金給付ともいう。母親が妊婦、産後健診を受け、子どもを小中高に就学させれば、低所得者は現金を政府から受け取れる。Pantawid Pamilyang Pilipino Program「フィリピン家庭架け橋プログラム」と呼ばれる。アロヨ政権下、2008年に始まった。

日本の立場──人権問題に触れず

当時の安倍政権は2016年9月、ドゥテルテ氏とラオスのビエンチャンで初首脳会談を行った。日比関係に関連して、安倍氏は人権問題に一切触れなかった。この時期、オバマ大統領、EU議長、ローマ法王などが軒並みフィリピンの人権状況に触れ、その改善を求めていたのと対照的だった。日本政府はドゥテルテ政権のインフラストラクチャー政策（ビルド、ビルド、ビルド＝建設、建設、建設）にODAをつぎ込むことを約束した。「日本の知見を積極的に活用し、ソフトとハード両面で包括的にミンダナオを支援したい」旨安倍氏は述べた。また、インフラ支援ではマニラ首都圏の地下鉄については順調に調査が進捗しており、今般，メトロ・セブ都市交通の開発計画の策定への支援も決定、南北通勤鉄道を含めマニラ首都圏の運輸交通等のインフラ整備や地方開発においても積極的に協力を進めていく旨述べた[13]。さらに、今後5年間に1兆円の融資を行うとした。これは援助国としての面子をかけての表現だった。これに対して、ドゥテルテ氏は、日本はダバオ市の発展にも多大な貢献をしており、感謝している、日本、JICAの支援の目的は地域の発展であり、フィリピンとしてその役割に信頼を寄せている旨述べた。

（13） https://www.mofa.go.jp/mofaj/s_sa/sea2/ph/page4_002318.html　2022年3月21日閲覧。

援助する国　フィリピンと援助を受ける国　日本

２０１１年、日本が援助し、フィリピンが援助を受けるという構図が変わった。２０１１年３月11日、東日本を襲った震災（地震と津波）によって日本は甚大な被害を受けた。死者は１万人以上、行方不明者を加えると２万人を超えた。

筆者は名古屋住まいだが、当地でも震度３に達した。大学の研究室もよく揺れて、本が数冊書棚から落ちた。東京在住の兄に数日後、安否を気遣う電話をしたところ、地震の日は電車が止まり、家のある江東区まで３時間かけて歩いて帰ったという。勝手な想像で申し訳ないが、西日本に同じ規模の地震が起きたら、日本はもう終わりだな、と思った。

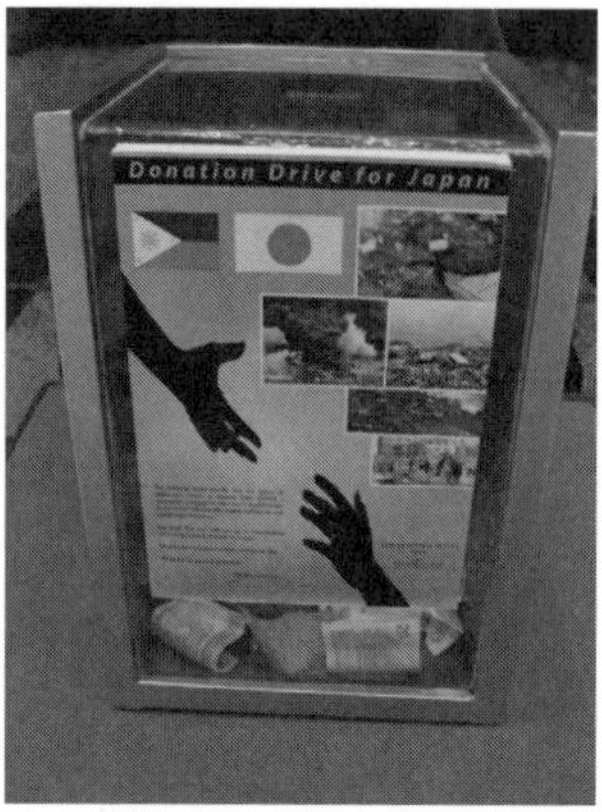

日本への募金箱　右上から伸びた手がフィリピン、下からの手が日本
マニラのホテル、2011 年３月

その３月の下旬、３年フィリピンの学校に通った次女（当時16歳）を迎えに、西ネグロス州バコロドに向かった。帰りがけにマニラに寄って通りを歩いた。海岸沿いのロハス大通りで、物売りが手持ちのＤＶＤで日本の地震の様子を見ていた。津波に東北の町が呑み込まれ、流されていく、その様子をyoutubeの映像であろうか、繰り返し見ていて、通りすがりの人が集まって見ている。「ああ、か

わいそうに」「オーマイゴッド」という声が聞こえた。私は援助を与えてきた国からきているにもかかわらず、憐憫の対象に日本人がなっていることにショックを受けた。ついに日本が憐憫の対象となったのだ。それを素直には受け入れられなかった。

ホテルにもどると、入口に募金箱が置かれ、日本に支援しましょうとある。手が描かれており、上から伸びた手がフィリピン人、下から手を伸ばし、助けを求めるのが日本人だった。

そうだ、この時、構図が崩れたのだ。助ける立場の日本が助けられる側に、助けられるフィリピンが助ける側に回った。この年の8月、アキノ大統領が東北・宮城県を訪れ、石巻市に8000万円（100万ドル）の寄付をした。中国、台湾、インドネシア、アメリカなど国際的な寄付を日本が受け取ることになった。

2008年のリーマン・ショック以降、日本が国際競争力を落としていく時期でもあった。しかし、翌年政権を奪い取った自民党政権は安倍晋三氏の下、日本は援助をする側なんだと強調する姿勢をとり、フィリピンや他の他のアジアの国に、インフラ支援をしていくことになる。援助される国になったという事実のひとかけらも見せずに援助外交を進めていく。2013年の東京オリンピック2020年開催決定と合わせて、強気の姿勢であった。

フィリピンの対中融和策の中で

ドゥテルテ政権は中国政策に関して、アキノ政権の強硬対立路線を翻し、対中国融和を図った。西太平洋の領土問題で、アキノ時代、フィリピンは国連仲裁裁判所で領有権を主張し、２０１６年７月、勝訴となった。しかし、中国は仲裁裁判所の判決を認めず、領有を続けた。そこで、ドゥテルテ政権は中国への融和、つまり領有権問題は棚上げして、中国の援助を期待した。そして、そのインフラ政策への支援を取り付けた。そうした国際関係において、日本の支援が約束されたのである。

日本はフィリピンへの自衛隊派遣を繰り返した。２０１３年台風30号（フィリピン名ヨランダ、アジア名ハイエン）の被災支援の際には派遣は肯定的だったと現地で報じられたが、その後、自衛隊は訓練を名目にスービック港などに護衛艦を派遣した。ドゥテルテ政権は中国を牽制するためと報じられたが、まさしく日本側も同じ目的を持っていた。

軍事援助も

２０１６年５月、日本の海上自衛隊の練習機ＴＣ90をフィリピンに有償で譲渡することが日比政府間で合意された。２０１７年３月、２機がフィリピン側に提供された。さらに、

TC90 練習機

同年5月、自衛隊法を改正し、中古装備品の無償供与を可能にし、先にフィリピンに渡した2機も2018年3月に無償で供与すること、さらに新たに3機を無償供与することが決まった(14)。

武器輸出も開発協力大綱とともに、閣議決定されている(15)。この件も、安倍政権が武器輸出を条件つきで認める「防衛装備移転3原則」を定めたことが発端である。この「3原則」とは2014年政府が閣議決定した新原則である。武器の輸出を原則的に禁止していた「武器輸出3原則」を改め、①紛争当事国への移転、及び国連安保理決議に違反した場合、禁止する、②平和貢献・国際協力、日本の安全保障に資すれば、認める、③適正管理を確保する、という条件で認めることにした。慎重な審議が求められる重要案件である場合、国家安全保障会議（NSC）の閣僚会合で判断するという。フィリピンへの自衛隊練習機の移転に関しても、NSCで審議されたという(16)。

2018年1月、そのTC90がスカボロー礁などを偵察、中国の沿岸警備艦4隻を見つけた。さっそく使われたのである。2017年の供与前にはフィリピン人を日本で受け入れ、機体の整備・操縦の仕方を教えた。供与後には日本人を送り込んで、操縦・整備を教

(14) 時事通信 2017 年 10 月 26 日。
(15) https://www.bing.com/images/search?q=tc90%e7%b7%b4%e7%bf%92%e6%a9%9f&form=HDRSC3&first=1&tsc=ImageBasicHover2023 年 3 月 31 日閲覧。
(16) https://www.mofa.go.jp/mofaj/s_sa/sea2/ph/page3_001796.html　2022 年 3 月 22 日閲覧。

えた。これは日本のＯＤＡの技術協力予算で実施した。やはり、ＯＤＡは国の外交を支える。

この援助は、フィリピンをして、中国の領海進出を牽制するためのものである。フィリピンをして、中国側に過度に依存させず、こちら側につなぎ留めておくために　インフラ支援、軍事援助を惜しまない。フィリピン政府が人権弾圧をしていても、他の国々が批判を繰り返す中で声をあげない。日本政府の想定する国益促進のために、何も批判しない。

日本政府

関連して、国際環境ＮＧＯのFoE Japan、国際人権監視ＮＧＯが行っているStop the Attacks Campaignが２０２１年４月に菅義偉首相、茂木敏充外相にあてた「フィリピンにおける超法規的殺害等 深刻な人権侵害に係る要請書」を取り上げたい。

１）超法規的殺害等の人権侵害をただちにやめるよう、フィリピン政府に要請すること
２）超法規的殺害をはじめとした人権侵害についてフィリピン政府に説明を求めること
３）超法規的殺害に関する国連人権理事会や国際刑事裁判所による調査を受け入れるよう、フィリピン政府へ要請すること

4）フィリピン国軍や国家警察への経済的・技術的・人的支援に係る有償・無償資金協力や防衛装備移転等、安全保障分野における協力や治安部門へのあらゆる公的支援を一旦中断し、日本政府として、これまでの支援がフィリピンにおける上述のような人権侵害に加担していないかを検証すること

以上の4点を要請している。(17)

同様の趣旨で、ドゥテルテ政権下で労働弾圧が進んでいるとして、雑誌『世界』2021年1月号から5号号まで、「ネグロスからの手紙―虐殺と弾圧の島で」が連載された。

これによると、4月に提出した要望書に対し、外務省は超法規的殺害について「懸念」を表明しているが、治安部門に対する支援は継続するとしている。しかし、それは二枚舌、偽善だという批判が現地の人権団体や弁護士からあがっているという。超法規的殺害について外務省が懸念を持っているというが、首相レベルに共有されているのか。共有されているとすれば、首脳会談で日本から問題提起がなされるのではないか。なされてない現状からすれば、外務省の「懸念」は外務省だけでしまい込まれているのではなかろうか。果たして、真の懸念などといえるだろうか。

（17）https://www.hurights.or.jp/archives/newsinbrief-ja/section4/2021/04/26/210426%E9%A6%96%E7%9B%B8%E3%81%82%E3%81%A6%E8%A6%81%E8%AB%8B%E6%9B%B8.pdf、2021年6月8日閲覧。

なお、日本の援助の現状に関しては、外務省による「最近のフィリピン情勢と日本・フィリピン関係[18]」を見てみよう。日本政府は「自由で開かれたインド太平洋[19]」を実現するため支援を行う、つまり、中国との領土問題にからむ支援を行う。そして、国内のインフラ支援を行う。ミンダナオ島和平協力の他、2021年7月、新型コロナ・ワクチンが100万回分供与された等があげられている。与える側の日本、与えられる側のフィリピンという構図、援助の中身、方式に関してはすでに論じたとおりである。

ドゥテルテ政権―選挙を控えて

そのドゥテルテ政権も2022年5月末までで任期を終えた。まず、その5月に行われた大統領選挙に関連する2020年のSONAから論じたい。

2020年SONA（State of Nation Address）

毎年7月4週目の月曜日にフィリピン大統領一般演説が行われる。フィリピンではSONA（State of Nation Address）と呼ばれる。ドゥテルテ大統領の2020年SONAを聞いた[20]。

その冒頭と最後に、上院議員フランクリン・ドリロン氏（76歳、自由党）が法案を出した「反政治的王朝法案」にドゥテルテ氏は言及した。2019年7月4日のCNNニュー

(18) https://www.mofa.go.jp/mofaj/area/philippines/kankei.html　2022年3月22日閲覧。
(19) 2016年8月に第6回アフリカ開発会議で安倍首相が提唱した日本政府の外交方針。台頭する中国を念頭に、インドを巻き込むべく命名。
(20) 2021年版も2021年7月26日に行われた。最後のSONAということで、政権5年間を振り返り、麻薬戦争、インフラ投資、ミンダナオ問題の成果を述べた。半分はフィリピン語で、政策の裏話に転じた。

スによれば、「反政治的王朝法」とは、ある人が政治的地位についている場合、配偶者、2等親までの親戚が同じ市、町、州で当該の地位に任期の後、立候補を禁ずるというもので、「政治的王朝」を予防する法案である。上院ではドリロン氏とパンフィロ・ラクソン氏（73歳、当時無所属、現改革党）が別々に提出したものがある。フィリピンでは「政治家の息子、娘、妻は政治家」という形で、マルコス家、アキノ家をはじめ、中央政界・地方政界ともども、政治的王朝が築かれてきた。1965～1986年政権についたフェルディナンド・マルコス大統領の場合、2016年、息子のボンボン氏が副大統領候補で借敗、娘のアイミー氏が上院議員を務め、妻のイメルダ氏が2019年まで下院議員を務めている。対するアキノ家は、ベニグノ・アキノ・ジュニア上院議員がマルコス独裁下、暗殺され（1983年）、妻のコラソン氏が1986年大統領選に出馬、民衆革命を経て、マルコスを破り、大統領となった。息子のノイノイ（ベニグノ・アキノ3世）氏がその後、上院議員から、2010年大統領に当選している（2021年6月腎臓疾患で亡くなった）。

サラ・ドゥテルテ・カルピオ

こうした政治的王朝は地方政治でも大いに利用されている。私の妻の故郷西ネグロス州マナプラ町では、現町長はマヌエル・エスカランテ氏だが、前町長は妻のローデス氏である。その前はマヌエル氏だった。今は息子のマルコス氏が町議会議員で、次の町長を狙っている。つまり、そのエスカランテ一家で町の政治を牛耳ってきた。というのは、国から交付される予算が大きく、その配分をめぐって、収益は大きいからだ。地方政治を握ると、生活は安定する。エスカランテ家は隣のカディス市長の親せきである。砂糖農園の地主でもある。こうして、ハッシエンデーロ（ハッシエンダ＝農園の持ち主）支配に基づき、土地と人民を支配する構造が成り立つ。政治的王朝はフィリピンで最も貧しい10州で支配的といわれる。(21)

現在の中央の長、ドゥテルテ氏の場合、自分が22年務めてきたダバオの市長を２０１６年から長女サラ氏が務めている。２０１６年、長男のパオロ氏はダバオ市選出の下院議員に選ばれ、末っ子のパステ氏は副市長になった。ドゥテルテ家は地元のダバオを根拠に政治的王朝を築いた。

２０２１年1月3日の『産経』によると、世論調査機関パルス・アジアが２０２２年5月の大統領選で誰に投票するか、調べたところ、1位が26％のサラ氏、2位がボンボン・マルコス氏と上院議員のグレース・ポー氏で14％、4位がマニラ市長のイスコ・モレノ氏12％、5位が上院議員・ボクサーのマニー・パッキャオ氏で10％である、という。

同年1月19日付の『まにら新聞』でも、２０２２年の大統領選候補として長女のサラ氏が最有力であるという。22年選挙で、サラ氏が大統領、ドゥテルテ氏が副大統領になると

(21)“Pangilinan: Certify Anti-political dynasty bill as urgent”, *Manila Bulletin*, July 10, 2020.

いう「ドゥテルテードゥテルテ」ペアが最有力だと見込んでいた(22)。

サラ氏（44歳）は2010年から6年間、父の下でダバオ副市長を務め、父のダバオ風「治安維持」の片棒を稼いだ人物だ。つまり、銃で麻薬犯罪を抑え込んだ立役者の片腕を務めた。それゆえ、サラ氏が大統領になれば、父親の大統領が銃で麻薬犯罪を抑え込み、人権問題に発展した経緯をほじくることには消極的であるはずだ。これは現大統領にとって都合がいい。

そこで、邪魔になるのが「反政治的王朝法案」である。サラ氏が大統領選に出られなくなる、その結果、ドゥテルテ氏も副大統領として残るということはできにくくなる。2019年、大統領は法案が出た時は議会に審議を任せたが、2020年のSONAでは、法案を取り上げ、ドリロン氏が私とサラのことをとやかく言う、しかし、オリガーキー（寡頭政）支配を倒すと言いながら、ドリロン氏はアヤラ財閥がマニラの水道事業に入り込む（1997年）のに加担した、その意味でオリガーキー賛成の立場をとったのではないか、と議論をすり替えて批判した。

2022年大統領選に向けて

ところが、2021年10月、中央選挙管理委員会への候補届け出において、サラ氏は大

(22) https://www.bing.com/images/search?q=sara+duterte&form=HDRSC3&first=1&tsc=ImageBasicHover　2022年3月31日閲覧

統領としてではなく、副大統領として届け出た。ペアとなる大統領候補として連邦党のフェルディナンド・マルコス・ジュニア（通称ボンボン・マルコス）氏（64歳）を選んだのである。正副大統領候補を決める話になると、人気はサラ氏の方があったにも関わらず、マルコス氏が譲らなかったという。

ここで、大統領選について述べよう。フィリピンでは大統領と副大統領が一組になって立候補する。しかし、選ぶ方は正副大統領候補の中から誰でもよいから選ぶ。正副大統領が別の政党からでて、政策を巡って対立しあう事態も生じている。直近ではドゥテルテ大統領（フィリピン民主党・国民の力）、レニー・ロブレド副大統領（自由党）の事例がある。

２０２１年10月中央選管への届け出、及び変更の期間で、確定した候補は以下のようである。

大統領候補	副大統領候補
ボンボン・マルコス（64）連邦党 元上院議員	サラ・ドゥテルテ（43）ラカス CMD ダバオ市長
レニー・ロブレド（56）無所属 副大統領	フランシス・パンギリナン（58）自由党 上院議員
イスコ・モレノ（47）民主的行動 マニラ市長	ウィリー・オン（58）民主行動 医師

マニー・パッキャオ（43）PROMDI 上院議員	リト・アティエンサ（81）PROMDI 下院議員
パンフィロ・ラクソン（73）無所属 上院議員	ティト・ソット上院議長（73）国民党人民連合 上院議員
レオデガリオ・デ・グスマン（62）労働大衆党 フィリピン労働者連帯委員長	ウォルデン・ベリヨ（76）労働大衆党 元下院議員

なお、副大統領、上院議員への立候補が噂されたドゥテルテ大統領は立候補を取りやめたため、２０２２年６月30日の大統領任期が切れた後は、政治の第一線から退く可能性が高くなった[23]。

世論調査による人気投票では、Pulis Asia, Social Weather Station などによると、マルコス氏、サラのコンビ氏が現在（２０２２年３月18日）は最も人気である。Puls Asia の２月支持率調査ではマルコス氏が60％、サラ氏が53％の支持を集め、全地域・社会階層において、他候補の追随を許さなかったという（『まにら新聞』２０２２年３月16日）。大統領候補マルコス氏以下はロブレド氏15％、モレノ氏10％、パッキャオ氏８％、ラクソン氏２％、副大統領候補はサラ氏の後、ソット氏24％、パギリナン氏11％、オン氏６％、アティエンサ氏１％の順である。

(23) yahoo ニュース 2021 年 12 月 15 日　https://news.yahoo.co.jp/articles/d1bfc156c40b8c2ebb5f2f275bcdba22ab4d1037

主要候補の横顔

ボンボン・マルコス

マルコス氏は独裁者の息子である。父母が戒厳令下、権限を乱用し、蓄財した富（不正蓄財）の相続税2030億ペソ（4669億円）を脱税した容疑と、1982年から1985年にかけての脱税容疑で裁判中である。世論でトップだが、大統領になって、脱税容疑をすべてなしにするという魂胆である。

マルコスの人気がある点については、主要候補の中でただ一人、任期末まで高い支持率を維持したドゥテルテの政策継承を公言、さらに、ドゥテルテの長女サラのペアを組んだことにより、ドゥテルテの後継候補というイメージをつくったのではないか、という石山永一郎の指摘がある。(24) また、2016年の副大統領選挙に敗れてから、他候補と異なり、選挙戦に取り組み、若い世代を中心に独裁者の息子のイメージ(25)をなくし、強いリーダーシップを打ち出してきたことがあげられる。彼の支持者として、1．両親の時代からのマルコス派、2．若い世代の両方があるだろう。2については、マルコス支配、特に戒厳令時代の残虐さ、いいかげんさ、政治の腐敗を若い世代

（24）石山永一郎『ドゥテルテ一強権大統領はいかに国を変えたか』KADOKAWA、2022、13頁.
（25）https://www.bing.com/images/search?q=bongbong+marcos&form=HDRSC3&first=1&tsc=ImageBasicHover　2022年3月31日閲覧

は知らない、忘れているという指摘がある。歴史教科書では丁寧にマルコス政治がもたらした負の側面を論じている。しかし、それを習った若い世代はそれは過去のこと、もうそんなことはしないよ、とでも考えているようだ。しかし、マルコス氏は「賄賂を受け取るのは人間の性《さが》だ。制度をよくしないとだめだ」と、両親を免責する言動をとっている[26]。不正蓄財・脱税問題が論点となることを避けてか、選管が何回かアレンジした候補者の討論会も最後まで出席しなかった。この点も選挙結果を見ると、彼に有利に展開した。

レニー・ロブレド

レニー・ロブレド

２０１６年から２０２２年まで、女性の副大統領だった。もともとは弁護士であった[27]。アキノ政権（２０１０～16）で、自治大臣を務め、２０１２年に飛行機事故で亡くなったジェッシー・ロブレドの妻である。２０１６年自由党から副大統領に立候補し、ボンボン・マルコス氏を僅差で破って当選した。就任後、フェミニスト嫌いのドゥテルテ大統領から、閣僚会議への出席も拒まれた。住宅・都市開発調整審議会の長

(26)『まにら新聞』2022 年 3 月 22 日。
(27) https://www.bing.com/images/search?q=leni+robredo&form=HDRSC3&first=1&tsc=ImageBasicHover　2022 年 3 月 31 日閲覧

官もやめた。ドゥテルテ氏の政策＝人権を無視した麻薬取締に意義を唱え、批判した。２０１９年には意義を唱えるばかりでなく、実際にやってみろとばかり、大統領にInter-Agency Committee on Anti-Illegal Drugs（ICAD＝反違法麻薬取締に向けた政府機関間の委員会）長官に任命されたが、19日間の後、解任された。

しかし、副大統領として、野党の政治家として、よくやっているという評価も高い。ここで彼女の声を聴いてみよう。ベテラン・ジャーナリストで、Philippine Center for Investigative Journalism（調査ジャーナリズム・フィィリピンセンター）のメンバー、マウル・マガハス（Maul Mangahas）氏がインタビューした。(28)

大統領と仲が悪くなった理由

麻薬取締りに際しての超法規的殺人に声高に反対したからだろう。それがドゥテルテ大統領の逆鱗を買った。

大統領は、選出された時、ラモス大統領のように少数派だった。だから、当選後、国民を一つにまとめていく必要があった。しかし、今の大統領は国民を分断していく。しかも、フェイク・ニュースを使って、国民の意見を分断していく。私はその中で、フェイク・ニュースを受ける側に回った。大統領は気難しい。ちょっとした批判でも怒ってしまう。

(28) GMA News Vice President Leni Robredo- the Mangahas interview　2021年3月3日、佐竹訳。

ボンボン・マルコスの訴えについて

２０１６年副大統領選で私が勝ったことに対して、負けたボンボン氏が選挙結果に疑惑をもち、裁判所に訴えた。２０２１年２月、最高裁が選挙において、私の不正がなかったとして、マルコス氏の訴えを退けた。自分の正義が認められてうれしかった。制度が生きているとも感じた。

２０２２年大統領選について

まだ、決心していない。コロナ対策で手一杯だ。その仕事を置いて、大統領選に向けて準備ができない。私はいつも正しいと思うことをする。国民のためになることをしたい。自分が出るか、他の人が出るか。どちらにもオープンである。

このように、大統領選をめぐっては態度を明らかにしていなかったが、最終的には立候補した。野党勢力を統一した「イサンバヤン」(29)の大統領候補となった。

闘おう、みんなを信頼している。誤った政策のもと、一部の人が富を牛耳り、多くの国民が貧しくなっている。こうした政府は直さなければならない――。人権派の弁護士らしく、立候補の演説は心を打つものだった。モレノ氏、パキアオ氏ら、野党候補の統一を目指したがまとまらず、それぞれが立候補していった。

(29) イサンバヤンは、次期大統領選でドゥテルテ後継候補に対抗する候補擁立を目指す政治運動体。カルピオ元最高裁判事やデルロサリオ元外相、左派系政党バヤンムナのコルメナレス元下院議員ら、元政府高官や政治家らの呼び掛けで 2021 年３月 18 日に発足し、候補者選定を進めた。

フランシスコ・モレノ氏

フランシスコ・モレノ氏

フランシスコ・モレノ・ドマゴソ（通称イスコ・モレノ）氏はマニラの貧困地域トンド出身である。自転車に客車をつけた「ペディ・キャブ」の運転をして生計を立てていた。18歳でテレビ局にスカウトされ、テレビ・映画に出演するようになった。その間も学問が大事だと考え、大学に通い、行政学を勉強した。映画・テレビの出演、木製の台車を引いての空き缶拾い、そして勉強に明け暮れた。23歳でマニラ市会議員に当選。２００７年からマニラ副市長を務めた[30]。２０１６年には上院議員選挙で敗れるが、２０１７年、ドゥテルテ氏から北部ルソン鉄道会社の会長、２０１８年、社会福祉開発省ルソン担当次官に抜擢された。２０１９年、現職のジョセフ・エストラーダ氏（元映画俳優で、上院議員、大統領）を破り、マニラ市長に当選した。大統領選には民主的行動（アクション・デモクラティコ）党から立候補した。

市長としてやったことは、ディビソリア（庶民の市場）、ロートン（市役所前）など交

(30) https://www.bing.com/images/search?q=isko+moreno&form=HDRSC3&first=1&tsc=ImageBasicHover　2022年3月31日閲覧

通量の多い通りから街頭商人を締め出したこと。また、夜10時以降18歳未満の外出禁止、学校や大学から200m以内で店舗によるアルコール販売禁止を打ち出した。街頭商人締め出しにあたり、関係者から手加減してほしいと18億ペソ（41億円）賄賂の申し出があったが、即座に断ったそうである。[31] さらに、「トンドミニアム1、2（出身地トンドとコンドミニアム＝マンションの意味を組み合わせた造語）」、「ビノンドミニアム1（同じく中華街ビノンドとコンドミニアムを組み合わせた造語）」など低所得者向けの低廉住宅を着工させたことである。他にバセコ・コミュニティ、サンタ・クルスのサン・ラザロ・レジデンス、ペドロ・ヒル・レジデンスという住宅建設もある。

トンドミニアム1、2の着工式でモレノ氏は言った。「貧しい者に対して市営の住宅を提供することは子どものころからの夢だった。私はトンド出身なので、家がないことがどんなに大変だか、知っている」。市の福祉課にどの世帯が住めるかを決めさせるという（抽選に変更）。トンドとビノンドに3000㎡、2000㎡ずつ土地を確保し、15階建ての団地を立てる。各ユニットは42㎡で、2部屋とバス・トイレつきである。建設資金はフィリピン開発銀行から50億ペソ借りたが、追加で100億ペソを土地銀行から借りたいと市長は述べる。[32]

フィリピンの都市貧困層政策では、これまでスラムを取り壊し、マニラから遠く離れた郊外に低額の住宅を建てて、住民に住まわせる、だが、住民は仕事がないので、元のスラ

(31)「マニラ市長、市政改革で存在感　スラム出身で異色の経歴」『産経ビジネス』2020年8月11日　https://www.sankeibiz.jp/macro/news/200811/mcb2008110500004-n1.htm

(32) “Isko breaks ground for ‘Tondominium’”, *Philippine Star*, 2 June 2020.

ムか別のスラムに住むという悪循環を招いていた。[33] しかし、マニラ市内に低額で住める住宅を確保するというかっての日本の公営住宅制度にも似た政策はフィリピンにはなかった。その意味で、画期的な住宅政策である。

確かに、1995年、フィリピン政府はマニラのゴミ捨て場スモーキー・マウンテンを閉鎖し、ゴミ拾いで生計を立てていた人のために5階建ての低所得層向けの団地を6棟つくった。その団地に住む人もいたが、多数は新しいゴミ捨て場=ケソン市のパヤタスに引っ越したという。[34] かつてのゴミの山近くにバージ、ウリガン、タンバカンという小規模なゴミ捨て場や薪をつくる場所ができ、スラムができた。[35] スモーキーマウンテンは例外的住宅政策（国営）であり、市営の大規模住宅建設は珍しい。

貧しい人を優先する政策である。このように、マニラで成功しつつあることを国全体に拡げられれば、2022年大統領選で台風の眼となりうる。[36] また、国民がモレノ氏を大統領として選んだならば、銃による麻薬取締りはなくなる。しかし、ドゥテルテ氏の「犯罪」に関しては前任者の過去の問題としているので、責任は追及しそうもない。ちなみに、ドゥテルテ大統領の麻薬取締りに関して、「初めて麻薬問題に取り組んだ大統領」という評価をしている。[37]「1980年代から問題が存在しており、この問題は冗談ではない」として、ロブレド副大統領の辛口評価とは一線を画している。

彼は2021年10月7日、大統領選に立候補を表明した。

(33) 1960年当時、スラム撤去による強制立ち退きはこの例である。1970年代にスラム改良、再開発の例がみられる。新田目夏美「フィリピンのスラム」新津晃一『現代アジアのスラム－発展途上国都市の研究』、明石書店、1989年、137頁。

(34) https://en.m.wikipedia.org/wiki/Smokey_Mountain　2021年3月5日閲覧

(35) http://www.jesuitsocialcenter-tokyo.com/eng/?page_id=2987　2021年3月5日閲覧

(36) 実際、モレノ氏のポピュリスト的な人気はドゥテルテ氏の支持層から票を奪うだろうと、ラサール大学講師クリーブ・アルグエレス氏は指摘している。https://www.rappler.com/nation/elections/isko-moreno-to-run-for-president, 2021年10月21日　閲覧

(37) Isko Moreno defends Duterte drug war, calls Robredo's report 'unfair', January 7, 2020 ; https://www.youtube.com/watch?v=aHkqhm3hMNE　2022年3月23日閲覧

立候補の演説で、バセコ・コミュニティの住宅をバックにこう語った。約束の政府をつくるのではなく、原型に基づく政府をつくる。マニラでつくった実績をもとにして、模範となるような住宅、病院、コロナ対策をもとにフィリピン国で、模範に基づき、コピーをつくっていく。そして、提案、批判を受け入れる。若い人を入れて意見を聞く。技術・技能を持つ人を優先していく。コネで人を採用せず、効率のよい政府をつくる。誤ったことをした人はすぐクビにする。副大統領候補は医者のオン氏である。コロナ対策、健康を第一に行う。私がマニラで始めたことは副市長があとをついでくれる。心配はいらない。[38]

マニー・パッキャオ

本名はエマヌエル・ダピドゥラン・パッキャオ。ボクシングで世界のチャンピオンである。6階級制覇を成し遂げた。政治の世界へは、2010年ミンダナオ・サランガニ州選出の下院議員、2016年上院議員当選による。ドゥテルテ政策について麻薬対策支持を掲げ、大統領寄りの立場を表明してきた。だが、2021年大統領の汚職対策を批判、大統領と対立する派閥から指名を受

マニー・パッキャオ

(38) Manila Mayor Isko Moreno running for president in 2022 with Dr. Willie Ong as VP ¦ ANC - Bing video

けて、大統領候補として立候補した。[39]この間、ボクシングとのキャリア掛け持ちであった。議会出席は限られ、２０１１年の59議会日中、27日出席で32日は欠席、２０１４年の70議会日中、出席は４日のみ、上院議員になってからも２０１８年７月～２０１９年６月までの会議日に49日出席で12日欠席した。いずれも議員として最も出席が少なかった。[40]

２０１３年１月27日放映・ＮＨＫスペシャル『世界最強伝説―ラスベガス世紀の一戦』は世界戦を戦うフィリピンのボクシング王と、それを慕う民衆を追いかけていて興味深かった。パッキャオはファイトマネーをベースに、ミンダナオに体育館、集会所を建て、台風の被災民に食糧を配っていた。貧しい人にとって救世主的存在であった。パッキャオとしては、ボクシングを通じて著名になった自分が貧しい民衆のため、一肌脱ぐのが自分が生きる道だと考えたのだろう。しかし、ボクシング界の強者が政治家としてトップに立てるか、疑問は残る。ファイトマネーをめぐる脱税の噂が絶えないことも政治家としての誠実さに影を投げかけた。[41]ＰＲＯＭＤＩ（Probinya Muna Development Intitiative「田舎第一発展構想」）より立候補した。

パンフィロ・ラクソン

元々フィリピン警察軍（ＰＣ　１９８６年廃止）出身。１９９２年～１９９５年フィデ

（39）https://www.bing.com/images/search?q=manny+pacquiao&form=HDRSC3&first=1&tsc=ImageBasicHover　2022年3月31日閲覧

（40）https://www.rappler.com/nation/232615-manny-pacquiao-senate-top-absentee-attendance-congress-adjourns-2019/

（41）https://news.yahoo.com/news/manny-pacquiao-accused-housing-fugitive-023100444--box.html; https://www.forbes.com/sites/robertwood/2014/08/22/manny-pacquiao-lands-75-million-blow-in-tax-evasion-case/?sh=4b1d6b9a6669

パンフィロ・ラクソン

ル・ラモス政権（1992〜1998）下、大統領直属の犯罪撲滅委員会特別委員会「ハバガット」長官。長官として、1995年反共自警団員11名を皆殺しにした「クラトン・バレレン」事件で責任を問われる（2008年最高裁で事件を再審査すると判決。しかし、何も行われていない）。1998年、エストラーダ政権下、大統領直属の組織的犯罪特別部隊（タスク・フォース）を率い、誘拐犯罪撲滅に努める。国家警察（PNP）長官として、警察の汚職一掃に努める。2001年上院議員。2016年上院議員。2021年大統領に立候補、選挙公約は汚職の一掃、民衆生活の向上を訴えている。反共・中道右派の民主改革党から立候補した。(42)

統一できればいいのだけれど

こうして、正副大統領候補とも候補者乱立となった。フィリピンの選挙は、みんなが受かるのは自分だろう、私が1番という雰囲気があり、誰でも立候補してよい。しかし、選挙で選べるのは1人だけ。候補者乱立の構図でいえば、マルコス対ロブレド、モレノ、

(42) https://www.bing.com/images/search?q=ping+lacson&form=HDRSC3&first=1&tsc=ImageBasicHover　2022年3月31日閲覧

パッキャオ、ラクソンとなる。しかし、ロブレド氏以下4人で分裂していては票がもったいない。ドリロン上院議員が「4人で分裂していてはもったいない。ロブレド氏で統一すべきだ」と言うのも納得できる。統一の条件として、ロブレド氏が大統領になった際、各候補の特徴を生かして、ロブレドの閣僚となるというのはどうだろうか。モレノ氏を国家住宅庁（National Housing Authority）の長に抜擢すれば、公営住宅が国のあちこちに、所得の低い階層にとって手頃な価格で準備されることだろう。ラクソン氏を国家警察長に再び抜擢すれば、警察の汚職がもっと減るだろう。パッキャオ氏はスポーツ担当の大臣にすれば、スポーツ選手の育成におおいに貢献するだろう。

しかし、現実には各候補とも私が一番という感じで選挙戦を戦っており、まとまる雰囲気にはなっていない。マルコス氏は分裂を高みの見物である。

なぜ、反マルコスで一本化できなかったのか。２０２１年10月大統領選候補の登録の際、イサンバヤンの努力は伝えられた。ロブレド陣営も統一化の努力をしたものの、努力は結実しなかった。我も我もは続いた。ただし、選挙運動も中盤にさしかかった２０２２年３月20日、ロブレド陣営は首都圏パッシグ市で約13万人の支持者を集めて集会を開いた。すでに３月４日カビテ州で約４万７０００人、11日西ネグロス州バコロド市で約７万人の大集会を開いている。パッシグの集会は故マルコス大統領を倒したエドサ革命を思い起こさせる動員[43]ともいわれ、やっと攻勢にむかっている。２０１６年の副大統領選でも、ロブレ

（42）『まにら新聞』2022年３月22日。

ド氏は当初支持率2％の最下位から、3月後半になって順位を上げ、その結果、26万票差でマルコス氏に勝利した。今回もこうした奇跡が起こるか。見どころである。

マルコスの勝利

奇跡は起きなかった。2022年5月9日に行われた大統領選挙（投票率82％）において、マルコスは3162万票、全体の58・7％を得て、2位のレニー・ロブレドの1503万票、27・9％に大差をつけて、トップ当選を果たした。3位は366万票、6・8％のマニー・パッキャオ、4位は193万票、3・5％のドマゴソ・イスコ・モレノだった。

ちなみに、副大統領選挙ではサラ・ドゥテルテが3220万票、61・5％でトップ、2位以下はキコ・パンギリキナンが932万票、17・8％、ソト・ビセンテ・ティトが825万票、15・7％、ウィリー・オンが187万票、3・5％だった。

マルコスが選挙選で勝ったことに関してはいろいろなことがいえる。第一に、すでに述べたように、任期末まで人気を誇ったドゥテルテの政策を継承すると公言し、ドゥテルテの長女サラとペアを組んだことにより、ドゥテルテ後継のイメージを作り上げたこと。ドゥテルテ政治の後継を打ち出したことがあげられよう。ドゥテルテ自身は後継者を指名しなかったが、そうしたイメージをマルコスが作り上げたことが強く働いたのではなかろうか。[44] 第2に6年間、選挙に取り組んできた点。副大統領選に敗れてから、レニーを裁判で訴えること以外、大統領に立候補して、勝つことだけに焦点を当ててきたこと。他の候補は現職をかかえ、そんなことはできなかった。第3に情報戦で勝利をものにしたこと。SNSを通じ、父親の戒厳令政権は政敵が多くて、やむを得ず敷いたものだと宣伝。父や母の政治はインフラの整備に努め、フィリピンの発展に寄与したものだったことを1986年以降生まれ育った若い世代にアピールしたこと。1986年は父親の政権がピープルズ革命により、打ち倒され、ハワイに亡命した年である。第4に、父親と異なり、独裁政権まではいかないけれど、強い指導者として、国の未来を託せるというイメージを打ち出した。第4に、抜群の地名力。それを生かした。[45]

そして、前に述べたように、他の候補が出る政治討論会は出席しなかった。北イロコス州知事（1997〜2007）時代、税を払わなかったこと、父親の政権時代、一家が不正に蓄財を重ね、一家の蓄財を国家に返さなかったことを批判されるのを避けていたのだ。一方で、自分の集会では大統領になれば、米の値段を1キロ40ペソ（1ペソ＝2・44円）から、10ペソに下げると人気取りの発言を繰り返していた。政敵の批判を避ける戦法もとった。

（44）石山、前掲書、13頁.

（45）https://jp.reuters.com/article/philippines-election-marcos-idJPKCN2MW06I, https://www3.nhk.or.jp/news/html/20220510/k10013618371000.html, https://news.yahoo.co.jp/articles/8c2c10f3917dff8aed0adedede98d0a61769f6d9?page=1 などを参照。

岸田政権の対応

さっそく5月13日、同年代の岸田文雄首相は正式の書簡を送り、「…次期大統領への祝意とともに、戦略的パートナーとして『自由で開かれたインド太平洋』の実現に向けて幅広い分野で協力を推進していきたい旨伝え…」たという[46]。5月20日には電話会談が行われた。「岸田（首相）から、これまで経済協力インフラ合同委員会や外務・防衛閣僚級会合（「2＋2」）等を通じて、鉄道やスービック湾開発を含むインフラ整備等の経済分野、安全保障及び海上法執行分野等において支援してきており、引き続き協力していく考えを表明…した。これに対し、…次期大統領から、対日関係はフィリピンにとって極めて重要であるとしつつ、今後、幅広い分野において岸田（首相）と協力を深化させていきたい旨述べ、両者は、二国間関係の更なる強化に向けて連携していくことで一致」したという[47]。つまり、安倍政権がドゥテルテ政権に向けて敷いた路線を歩んでいくことで一致したことになる。共に日・フィリピン国交正常化の翌年生まれの首脳として、自民党政権が進めてきた路線を岸田総理が進める。安倍首相がドゥテルテにしたのと同様、父親の人権侵害、本人の脱税問題など相手の聞かれたくないことには触れない。日本政府が重視するのは対中国姿勢と国内援助の継続なのである。

（46）https://www.mofa.go.jp/mofaj/s_sa/sea2/ph/page1_001172.html
（47）https://www.mofa.go.jp/mofaj/page1_001178.html

マルコス政権発足3か月

新政権が誕生してから、まだ3か月も経っていない。だが、いくつか指摘しておきたい。まず、ドゥテルテ政権の「超法規的殺人」麻薬捜査に関して、違法性を問うことに積極的ではない。娘のサラが副大統領についたこともあるだろう。そして、2016年国家の英雄の墓に父親マルコスSr.の埋葬をドゥテルテ政権が認めたという恩義もある。前任者アキノ大統領の下では墓地への埋葬は認められず、防腐処理をした遺体は故郷北イロコスの霊廟に収められていたのだ。

「超法規的殺人」に対して、国際刑事裁判所（ICC）が人権侵害を認め、捜査官をフィリピンに派遣したい旨を示したが、ドゥテルテ政権は入国を認めず、ドゥテルテ個人も国内の裁判官ならば裁きを受けるが、外国人が裁判官ならば、国の主権侵害にあたるといった。そして、マルコスに政権が移ってから、ドゥテルテへの個人的恩義があり、また、副大統領サラ（ドゥテルテの娘）の手前、ICCの捜査を受け入れようとはしていない。ドゥテルテとしては大きな防護壁に守られているわけだ。

果たして、8月マルコスはICCにフィリピン国が再加盟することはないと発表した。(48) ICCの規定は当該国がメンバーだった当時の犯罪行為に対して捜査を行えるが、当該国が独自の捜査を行うことができなかったり、行うことを嫌がった場合のみであるという。

(48) https://www.reuters.com/world/asia-pacific/marcos-rules-out-philippines-rejoining-icc-ahead-plan-resume-probe-2022-08-01/；https://www.philstar.com/headlines/2022/08/01/2199522/marcos-the-philippines-has-no-intention-rejoining-icc

マルコスは政府独自の捜査を行っているのに、なぜＩＣＣの捜査を受けなければならないのか、という前政権の立場を踏襲している。

また、ドゥテルテ政権下、「超法規的殺人」の人権侵害を追求したレイラ・デ・リマ上院議員（当時。２０２２年上院選挙で落選）は逆に麻薬取引の冤罪を着せられ、２０１７年投獄された。しかし、政権末期、有罪を成立させた証人たちが証言を翻し、公務員の不正を追及する政府機関オンブズマンも有罪の証拠がなくなったと意見を示した。こうして、元上院議員の冤罪が晴れようとしているときに、司法省は有罪か無罪か裁判で決着をつけようと言った。司法省の背後には行政の長であるマルコスの判断が働いていると思われる。

5 変わるフィリピン社会経済と近況

変わるフィリピン社会

２０２０年、コロナ禍にみまわれるまでのフィリピンは景気がよかった。ベニグノ・アキノ大統領期２０１０年からの経済成長率をみてみよう(1)。ほぼ毎年、６～７％の国内成長率を誇っていた。２０１６年、ドゥテルテ政権が誕生してからも、「ビルド・ビルド・ビルド」政策のインフラ工事、民間企業の活発な投資で高い成長率を誇っていた。麻薬取締り、労働運動の弾圧のもと、BPO産業（Business Process Outsourcing）、観光業は高い伸び率を示していた。

依然として労働者の出稼ぎが続き、彼（女）らの送る送金額は大きく、経常収支は黒字を示していた。そして、好調な国内経済は労働力不足に悩み、建設労働者の需要は大きくなり、出稼ぎを続けなくてもよいなどと、労働力不足がささやかれていた。高度成長は中国に次ぎ、アジアの優等生とまで言われるようになった。

世界銀行の報告書はいう(2)。２００１～09年の平均年率４・６％から２０１０

年	2010	11	12	13	14	15	16	17	18	19	20
国内総生産	7.3	3.8	6.8	6.7	6.3	6.3	7.1	6.9	6.3	6.0	－9.5

(1) 2010 ～ 2019：https://data.worldbank.org/indicator/NY.GDP.MKTP.KD.ZG?locations=PH；2020　https://www.bworldonline.com/philippine-gdp-shrinks-by-record-9-5-in-2020/　2021年6月11日閲覧。

(2) https://www.worldbank.org/en/country/philippines/overview　同日閲覧

年〜2019年の平均年率6・4％の成長を維持しており、2018年の1人当たり国民総所得が2830米ドルの低位中所得国から、近い将来には上位中所得国（1人当たり所得が3956〜1万2235米ドルの範囲）への道を歩んでいる。

近年、フィリピン経済は、貧困率とジニ係数の低下からも明らかなように、包括的な成長の実現に向けて前進してきた。貧困率は2000年38・1％から2019年20・8％に低下し、ジニ係数は2002年47以上から2018年42・3に低下した。国民の5分の1が貧困層として残るものの、所得の不平等さを表すジニ係数でも低下がみられる。(3)

BPO産業

BPOとは、外部発注の1種で、自社の業務プロセスをまとまった単位で継続的に外部の専門的な企業に委託すること。フィリピンの場合、コールセンターの形をとったBPO産業が盛んである。欧米系の企業から英語で受け答えをするコールセンター業務を行う。2014年にインドから、世界1位の座を奪い、2019年の時点で68万人が就業していた。アメリカのマイクロソフト、シティバンク、パナソニック・ノース・アメリカなどがフィリピンBPO産業を利用する。2019年時で、フィリピンの最低日給は800円（366ペソ）だが、BPO産業では1200〜1400円（600〜700ペソ）が相

（3）https://www.jetro.go.jp/biznews/2019/10/b666d1148220465d.html; https://tradingeconomics.com/philippines/gini-index-wb-data.html　同日閲覧

場だ。通常の給料の2倍はとれる。英語力が問われるため、大卒が条件だといわれる。大学を卒業して、ＢＰＯ産業で正社員雇用されることを目指す人も多いといわれる。

フィリピンのＢＰＯは音声サービスだけではない。医療情報の管理、ＩＴ産業のオフショア開発、アニメーション、オンライン英会話などの教育部門など多岐に渡る。欧米圏のＢＰＯを手がけているだけではない。例えば、東映がフィリピンを１９８０年代からＢＰＯ先にしてきた。世界中で人気のアニメ「ワンピース」「ドラゴンボール」「スラムダンク」が実はフィリピンで製作されたのだ。東映アニメーションでは線画、着色、背景などの工程のおよそ7割がフィリピンで行われている。背景には日本の3割ほどのコストで製作できることがあるといわれる。

２０２１年６月の数字でフィリピンのＢＰＯ産業は７００社を超え、国内総生産の11％に貢献している。１２０万人を雇っている。(4) コロナ禍でもこの産業は伸び続けているという。(5)

観光業

外国人観光客は過去最高を更新していた。２０１８年７１０万人、２０１９年８２６万人であった。２０１９年を国別にみると、第１位は韓国人で１９８万人。ボラカイ、セ

(4) https://www.outsourceaccelerator.com/guide/top-40-bpo-companies-in-the-philippines/. 同日閲覧

(5) 堀芳枝は事例研究を通じて、IT-BPO 産業によって、フィリピン女性が国内で経済的に自立して働く機会を増大させていると実証した。同「フィリピンにおける IT-BPO 産業の成長と女性の働き方の選択」『経済社会とジェンダー』、第５巻、2020、4-28 頁。

ブを中心に入国した。英語を学びに、語学学校に留学するパターンもある。2位の中国人は174万人。急激な経済成長に支えられ、中国人観光客は世界中に進出した。また華僑の存在もある。3位はアメリカで106万人。20世紀の植民統治時代以来、伝統的に親近感があり、国際結婚の配偶者も多い。4位は日本で68万人。前に見たように、1980年代以降、国際結婚が増えたことと、近年は英語を学ぶ語学留学、観光旅行も盛んだ。5位は台湾で32万人。北の隣国である。

外国人観光客の増加の理由について5点指摘できる。1．廉価な航空手段――安価な代金で乗れる航空会社が増えた。LCC（Low Cost Carrier）と呼ばれる。2．ビザなし入国可能――アメリカ、日本（1か月まで）、韓国、東南アジアなどに適用された。3．国内観光業の成長――ホテル、リゾートを整備。4．観光インフラの整備――政府も観光業を後押し、2019年には観光省は40億ペソを投じた。5．観光省による誘致キャンペーン（Wow Philippines, It is more fun in the Philippines という宣伝文句をつくった）。

加えて、フィリピン経済全般の好況から国内観光客の数も増え、2019年観光地を訪れたフィリピン人は1億975万人（1人が複数回旅行に行く）に達した。

また、フィリピンから海外への観光旅行も盛んになった。2018年には800万人を超え、この年にフィリピンを訪れた外国人数を上回った。アセアン諸国へはノー・ビザで訪問できるようになり、日本にも15日間までビザなしで入国できることになった。中国、シンガポール、香港、韓国、日本、タイ、マレーシア、ベトナムなどが人気である。海外に出かけられる層として、国民の中に相応の額を稼いでいる層が生まれてきたこと、ＢＰＯ産業、海外出稼ぎなどによって、国内に中産階層が生まれてきていること、ＬＣＣがフィリピン国内にも就航してきたことが背景にある。

身近な例を引けば、２０２０年2月にシンガポールで私の親戚と私たち夫婦が会って、5日間、観光旅行を楽しむことができた。親戚とは妻の妹（56歳）、妹の娘（18歳）、息子（14歳）、別の息子のガールフレンド（25歳）、妻のもう1人の妹の双子の娘（18歳）、弟（50歳）、その息子（19歳）の計9人がネグロス島から、隣のパナイ島イロイロ経由、双子の娘がクラーク経由で、やってきた。エア・アジアというマレーシアのＬＣＣを使って、フィリピン～シンガポールを1人あたり2万2０００円で往復した。シンガポールで会うことにしたのは、妹のフィリピン人の夫（56歳）がアメリカの船会社の船長で、積荷の集荷場所であり、船の拠点港であったことがあげられる。その夫も数日休暇をとり、現地で合流した。息子（25歳）も父親と同じ会社に勤める船員。ネグロスから来たガールフレンドに会うため、父ともども私たちと合流した。

妹の家族の旅費・滞在費はフィリピン人の平均月収８８５アメリカドル[6]に比べ、アメリカの会社の船長で月額４０００アメリカドル（50万円）という、高額を稼ぐ父親、レストラン経営をしている妹のポケットマネーで足りた。経済的に余裕のないもう一人の妹、弟

（6）https://careerexplorerguide.com/average-salary-in-phillippines/#:~:text=In%20this%20range%2C%20the%20lowest%20earned%20salary%20is,about%2045%2C000%20PHP%20%28888.65%20USD%29%20in%20a%20month　2022年5月26日閲覧。

の家計を鑑みて、双子の１人と弟とその息子の旅費は私の妻が出した。弟は元製糖工場労働者で、トライスクル（オートバイに客車をつけた公共交通機関）運転手を経て、大工仕事で生活をたてている。双子には大学を卒業して、製薬会社に勤める兄がおり、双子の１人の旅費はその兄が負担した。

フィリピンには船員の海外出稼ぎが多く、世界の船員の４分の１、日本の商船隊の75％を占めているといわれるが、[7] 中でも船長まで出世した妹の夫は家族の生計を支える。また、フィリピン人が国際結婚により、国外に出て暮らす数は１９８９年からの累計で57万８１３５人にのぼる。性別では91・29％が女性、８・７％が男性だ。[8] 相手はアメリカ人25万４６２４人、日本人１２７、２２８人、オーストラリア人４万３３５７人、カナダ人２万６５２０人、韓国人１万９５６２人、ドイツ人１万８７５２人、イギリス人１万６６２７人などとなっている。[9] 国際結婚で海外に嫁いだフィリピン人も母国への送金を欠かさないと言われる。親族の生活を支えるためである。[10] 私の妻も親元、生活不安定な妹、弟たちの生活を支えるために仕送りをしてきた。こうして、船員出稼ぎと国際結婚で国外にいる者によって支えられたネ

ネグロスの親戚―シンガポール　2020 年 2 月

（7）https://globe.asahi.com/article/13052064; https://www.recordchina.co.jp/b891136-s40-c30-d0199.html 同日閲覧。
（8）https://view.officeapps.live.com/op/view.aspx?src=https%3A%2F%2Fcfo.gov.ph%2Fwp-content%2Fuploads%2F2021%2F09%2FFS-1989-2019-by-SEX.xlsx&wdOrigin=BROWSELINK 2022 年 5 月 26 日閲覧。
（9）https://view.officeapps.live.com/op/view.aspx?src=https%3A%2F%2Fcfo.gov.ph%2Fwp-content%2Fuploads%2F2021%2F09%2FFS-1989-2019-by-MAJORCOUNTRY.xlsx&wdOrigin=BROWSELINK　同日閲覧。
（10）佐竹眞明「フィリピンにおける女性と家族」『歴史地理研究』、歴史教育者協議会編集・発売、2014 年第 9 号、30 ～ 35 ページ。

グロスの親戚たちはマーライオン、ガーデンズ・バイ・ザ・ベイ、水族館、ユニバーサルスタジオ・シンガポールなどを楽しんだ。

２０１８年、訪日フィリピン人は50万人を超え、東南アジアから来た観光客としては、タイ人に次いで多かった。２０１８年50万３９７６人、２０１９年61万３１１４人だった。

しかし、コロナ禍で、フィリピンを訪れた外国人観光客は２０２０年１４８万２５８５人となり、２０１９年から82％減少した。国内客も78％減少し、２４００万人となった。[11]また、２０２０年は全世界からの訪日観光客数は４１１万人で、２０１９年３１１８万人から87・1％減少した。フィリピンからも激減し、10万９１１０人で、前年比82・２％減であった。[12]なお、２０２１年訪日外国人数は24万５９００人、訪日フィリピン人は５５００人であった。前年比、マイナス95％であった。[13]２０２１年、フィリピンを訪問した外国人はわずか16万人に落ち込んだ。[14]いずれもコロナの影響である。

コロナ禍に襲われたフィリピン

アジアの優等生だったフィリピン。それを大きく変えたのが世界を襲ったコロナ感染である。新型コロナ・ウィルスの起源は中国であり、２０１９年12月、湖北省武漢市で原因不明の肺炎クラスターが発生した。翌２０２０年1月、中国当局は肺炎クラスターの原因

（11）『まにら新聞』、2021 年 7 月 21 日付け。

（12）https://honichi.com/news/2021/01/21/honichigaikyaku2020december/　2021 年 7 月 21 日閲覧。（13）https://pheconomist.com/topics_detail8/id　同日閲覧

（14）https://www.statista.com/statistics/1053908/philippines-number-of-foreign-visitor-tourist-arrivals.　同日閲覧

が新型コロナ・ウィルスであるとし、同月23日に武漢を封鎖した。１月25日の春節（旧正月・太陰暦に基づく）には相当数の中国人観光客が世界中に旅に出ており、ウィルスは世界に拡散した。１月30日、世界18か国で感染が発生し、世界保健機関（ＷＨＯ）がパンデミック（世界的大流行）の宣言を発した。

フィリピンには１月21日、香港からマニラに到着した武漢市出身の38歳の中国人女性が軽い咳をしていたため、マニラのサン・ラゾロ病院に入院した。無症状だったが、コロナウィルスに感染していた。これが第１号だった。第２号は女性に同行した夫で、44歳の中国男性。２月１日インフルエンザと肺炎レンサ球菌の合併症で亡くなった。２月２日、コロナウィルス感染がわかった。第３号も１月20日、香港からセブ島に向かった60歳の中国女性だった(15)。

それから１か月間、新規感染は報告されなかった。３月６日に２人のフィリピン人が感染した。１人は48歳の男性で、日本に渡航歴があり、２月25日に帰国している。もう１人は60歳の男性で、高血圧症と糖尿病歴があり、国外渡航歴はなかった。第６号の事例はこの男性の59歳の妻である。これ以降、コロナ患者は急増した。

３月９日、ドゥテルテ大統領は宣言を発し、国を公衆衛生の緊急事態であるとした。３月16日、ルソン島全土を「強化されたコミュニティ隔離」（ECD ＝ Enhanced Community Quarantine）下に置き、ロックダウンを実施した。17日、当面６か月間、フィリピン全土

(15) https://doh.gov.ph/doh-press-release/doh-confirms-3rd-2019-nCoV-ARD-case-in-PH　2020年２月５日。2021年８月６日閲覧

を非常事態宣言の下に置くとした。ロックダウンとは都市・地域封鎖を指し、その地域・都市からと、そこへの人流を閉ざすことだ。空港・港でも取締がされた。

実は3月はパナイ島イロイロ市で勤務校の学生たちを日本に連れて帰る仕事の最中だった。学生たちは市内にある語学学校での英語学習を終えて、3月15日にマニラ経由で帰国するはずだった。ところが、3月12日に、15日からマニラへの、及び、マニラからの陸海空の運航が止まるという報道[16]が流れて、イロイロ市にいた私は急遽大学当局と語学学校に連絡し、14日にマニラ経由か、15日にセブ経由で帰国できるように要請した。大学は予算を捻出して、旅行会社に日程を変えさせ、別の航空券を購入し、ぎりぎりのところで、15日イロイロを出て、セブ経由で名古屋に戻ってきた。ドゥテルテ大統領はこの頃はテキパキとロックダウンをかけて手早かった。そのあおりで、こちらは大慌てで行動計画を変更せねばならなかった。

そして4月2日、ロックダウン取締にあたり、警察、軍に向けて、手向かう者に対しては殺してもかまわないとドゥテルテ大統領は言った[17]。協力する者には協力してもらう、だが、逆らった者には死か拘留が控えているという。実際、2021年4月、カビテ州で28歳の男性が夜間外出制限を破った疑いで警察官につかまり、その場でスクワットを300回させられ、2日後、ひきつけを起こして、意識を失い、死亡した[18]。

(16) https://newsinfo.inquirer.net/1240942/breaking-metro-manila-placed-under-community-quarantine-due-to-covid-19 2021年8月21日閲覧

(17) 'Shoot them dead' - Philippine leader says won't tolerate lockdown violators, Reuters, 2020年4月2日閲覧。

(18) https://edition.cnn.com/2021/04/07/asia/philippines-police-crackdown-intl-hnk/index.html

コロナ新規感染者数の推移を眺めると、第1波がロックダウンのせいか、抑えられ、2020年8月1日がピークで1日あたり6871人。後も抑えられ、第2波は2021年4月2日がピークで1万5281人。その後、少し収まり、第3波のピークが9月11日で2万6208人でその後、徐々に減ったが、クリスマス、新年の人出が増えた1月上旬には第4波のピークを迎え、1月14日3万8000人を超えた。その後、徐々に減ったが、7月頃から少し増えてきた。これまで（2022年8月29日）、総感染者数は3、874、641人であり、総死亡者61、667人、新規感染者28、525人である。[19] ちなみに日本は8月28日現在で総感染者18、485、017人、総死亡者38、997人、新規感染者157、788人である。[20] ワクチン2回目接種が終了した人の割合は2022年7月21日時点で71、439、759人である[21]（日本は3回目が64・1％である＝8月26日[22]）。

フィリピンのワクチン事情を見てみよう。2021年6月21日付のロイター記事[23]によると、フィリピンは国外5つのワクチンを製造する製薬会社から、1億1300万回分を確保したという。中国のシノバックが2600万、ロシアのスプートニクスVが1000万、アメリカのファイザーが4000万、モデルナが2000万、イギリスのアストラゼネカ1700万回分である。中国のシノファームからも提供を受けている。そして、世界保健機関（WHO）の国際的 COVAX（Covid 19 Vaccines Global Access）ファシリティから

（19） https://www.covid19.gov.ph/ 2022年8月29日閲覧
（20） https://covid19.mhlw.go.jp/　同日閲覧
（21） https://news.abs-cbn.com/spotlight/multimedia/infographic/03/23/21/philippines-covid-19-vaccine-tracker　同日閲覧
（22） https://www3.nhk.or.jp/news/special/coronavirus/vaccine/　2022年8月22日閲覧
（23） https://interaksyon.philstar.com/politics-issues/2021/06/21/194298/philippines-seals-biggest-covid-19-vaccine-order-yet-for-40m-pfizer-doses/ 同日閲覧

4400万回分のワクチンを期待している。日本と異なり、中国、ロシア製のワクチンが相当数入っている。大統領も5月にシノファーム・ワクチンの第1回目、7月に第2回目を接種した。

8月4日「完全にワクチン接種（2回目）を済ませたフィリピン人が1000万人を超えた」と国家コロナ対策タスクフォースの副代表が述べた。(24) 第1回接種を済ませた人は1300万人に達したという。1億人1000万人の全人口の約10％である。3月に始めて、ゆっくりした進展だった。2021年中に7000万人の接種を済ませ、集団的免疫を目指している政府としては歯がゆいところだ。

そこで6月に、大統領はワクチン接種を受けるか、投獄されるか、のどちらかだ、とテレビで国民に警告した。留置場は不潔で、いやな臭いがする、警察は怠慢だからな、と言った。留置場はきれいにするのが政府の義務で、それを怠っていることを公言した格好だ。掃除しろと命令すればよいところだ。翌日、ワクチン接種は任意だと保健省が弁明した。(25)

低い接種率の裏に何があるのか。2021年3月にPuls Asiaが2400人の18歳以上のフィリピン人に行ったインタビューでは61％がワクチンを受けたくないと答えたという。理由は、2017年デング熱のワクチンで子どもが死んだことで、コロナのワクチンの安全性に関して不安がある（84％）、ワクチンの効果が疑問だ（7％）、ワクチンなどいらな

(24) https://www.cnnphilippines.com/news/2021/8/5/10M-fully-vaccinated-Filipinos.html 同日閲覧
(25) https://www.bing.com/videos/search?q=vactin+philippines 同日閲覧

い（６%）である。受けるとしたらどのワクチンかでは、ファイザー52%、中国のシノバック22%となっている。(26) 国民はワクチンを選んでうけたいのだ。実際、３月から中国が無償提供したシノファーム中心に接種してきたが、中国ワクチンの有効率が50—80%なのに対し、ファイザー製は95%といわれる。これに対して、どんなワクチンであっても接種すべきだ、えり好みはよくない、と大統領が再度警告した（５月18日）。５月20日からはどのワクチンをうつか、国民に知らせない方法で保健省が接種をするようになった。(27) 政府は、人口の７割が接種を完了し、集団的免疫を持ち、コロナ感染から、フィリピンが抜け出した状況を２０２１年末までに実現したかった。しかし、２０２１年12月14日時点で53・４%である。４回の全国規模の集団接種キャンペーンを経て、２０２２年２月３日、人口の75・７%が接種２回目を終えたと報じられた。(28)

　やっと、コロナと経済の両方をやりくりできる政策がとられるようになった。「入国制限の緩和で海外からの観光客が増える。ブースター接種、マスク着用などの対策を怠ってはならない」として、引き続き注意が必要だとしながらも、「感染率が下がり、低水準に落ち着いてきた。流行は収束に向かっていると言える。——接種が進み、入院が必要となる重症患者も減っている」として、感染収束の兆しを指摘する専門家も出てきている。(29)

　なお、日本からの入国に関しても２０２２年２月10日から緩和され、ワクチン接種完了証明書（ワクチン・パスポート）により、２回以上の接種を完了（２回目から６か月以内

(26) https://www.rappler.com/nation/filipinos-vaccination-against-coronavirus-pulse-asia-survey-march-2021　同日閲覧
(27)（フィリピン政府が“ワクチンロシアンルーレット”強行 接種会場に来るまでメーカー不明 (msn.com) 2021 年 5 月 21 日閲覧
(28) https://www.pna.gov.ph/articles/1166934
(29)『まにら新聞』2022 年 3 月 23 日閲覧

に3回目を終了していること）し、入国48時間前に医療機関でPCRテストを受け、陰性証明を得ていれば、入国可能となった。隔離が必要ではなくなり、入国後7日間、自分で監視し、異常があれば、自治体に連絡する制度となった。[30] 2回以上接種していない人は入国できない。さらに、11月2日、次のように入国規制を緩和した。（1）ファイザーなど2回接種するワクチンを2回接種済み、ヤンセンなど1回接種するワクチンを接種済みならば、出発前の抗原検査が不要。（2）外国の国、州の紙面／デジタルの接種証明書を持っていること。（3）未接種者は出発前24時間以内の抗原検査で陰性証明を提示すること。[31] こうした一連の緩和策によって、2022年11月7日までにフィリピンを訪問した観光客数が190万人に達したと観光省は発表した。2022年末までに目標を170万人と設定していたが、クリスマスシーズン前に目標を達したという。[32] 東南アジアではタイ、ベトナム、インドネシアなどが似たような緩和策を打ち出しており、コロナ禍で落ち込んだ観光、商用での訪比外国人の誘致に努めている。

庶民の暮らし

ウクライナへのロシアの軍事侵略（2022年2月）をきっかけとした国際的な食糧やエネルギー高騰の影響をフィリピンも受けている。8月末に原油元締め会社が再度のガソ

（30）https://tokyo.philembassy.net/ja/01announcements/advisory-testing-and-quarantine-protocols/#nav-cat　2022年3月30日閲覧
（31）ヤンセンはジョンソン・エンド・ジョンソンのワクチン名。韓国で打たれた。https://www.ph.emb-japan.go.jp/itpr_ja/11_000001_01018.html　2022年11月10日閲覧
（32）『まにら新聞』2022年11月11日。

リン、ディーゼルの値上げを発表した。完全な原油の輸入国であることから、ガソリンやディーゼルの価格は一リットル73・55ペソ（＝176円）、同74・25ペソ（＝178円）であり、同様に石油輸入国の日本よりも価格が高い（日本では152円、122円）。庶民が通勤・通学に頼るジープニーもディーゼルを使うため、その料金も初乗り4㎞が11ペソ（＝26円）から9月から2ペソ上げられる予定である。(33) 食品もグローバル化の影響を受け、小麦、大豆などの原料価格の高騰から、小麦粉、パンなどが値上げが続いている。今年インフレーション率は5月で5・4％に達した（日本は7月で2・6％）。マニラ首都圏で、非農業部門の最低賃金が1日570ペソ（＝1368円）、農業部門が533ペソ（＝1279円）という稼ぎを持たない一般労働者にとっては日々の必需品の値上げは厳しい。(34)

フィリピンの物価水準は平均日本の0・6倍という指摘があるが、(35) おおよそその通りである。そして、国際的エネルギーや食料品価格の高騰はもろに消費者を直撃する。2018年では穀物や肉類の輸入が増え、食糧自給率は79％と、前年より7％下がっているのだ。(36)

2021年、国民の18・1％が貧困ライン以下で暮らしている。貧困ラインは5人家族に必要な最低限の生活費で考えられており、月1万2030ペソである。(37) 前記マニラ首都圏の1日最低賃金570ペソで考えると、月21日間働けばその額を満たせるが、実際は最

(33) https://newsinfo.inquirer.net/1655803/commuter-advocacy-group-ok-with-p2-jeepney-fare-hike　2022年9月1日閲覧
(34) 前と同じ。
(35) https://tabi-tsuuka.com/philippines-prices/　2022年9月1日閲覧。
(36) https://www.jetro.go.jp/biznews/2020/01/42c01e2c10b7177d.html#:2
(37) https://www.manila-shimbun.com/category/economy/news265968.html　同日閲覧。

低賃金以下しかもらえない仕事についているケースが少なくない。

さらに、2022年6月現在、自分の世帯を貧しいと判断した世帯が48％いる。3か月前は43％だった。(38) 日本も値上げが厳しいが、フィリピンでは衣食中の基本を満たせない人が国民の2割近くに達しており、値上げラッシュには受任力を超える面がある。マルコス大統領にはそれを解決する能力を期待されて、大統領への票を入れた人が多数いたであろう。

それを鑑み、少しでも国庫を増やすべく、マルコスは脱税を認め、未納の税金を納め、一家の財産も潔く国に返してもらいたいという気がする。それが難しいとなれば、きちんと汚職を取り締まり、マルコスは農相兼任をやめ、農業政策をより詳しい専門家に任せ、国を富ませる方策をとってほしい。例えば、塩事業の国産化がある。現在、オーストラリアや中国からの塩が輸入され、国産の塩は国内需要の7％を占めるのみである。1990年代からの経済のグローバル化の影響である。国産の塩を増やし、国内の雇用を伸ばす必要がある。(39)

3つのシナリオ

最後に、選挙前、2022年3月22日付フィリピン・デイリー・インクワイアー紙に

(38) https://www.manila-shimbun.com/category/economy/news265773.html　同日閲覧。
(39) https://www.onenews.ph/articles/senator-seeks-boost-to-philippine-salt-production 同日閲覧

載っていたリチャード・ヘイダリアン氏（Richard Heydarian）の「マルコスJr. の大統領：3つの可能なシナリオ」が興味深い[40]。訳してみたい。

世論調査で最人気であるマルコスが大統領になった場合、フィリピンは選挙を昔式の独裁主義よりも非自由主義（illiberal）政治と組み合わせた「ハイブリッド政治」に向かっていくと思われる。

しかし、マルコス政治は3つの主要な要素により変わってくるという。(1)勝敗の差によっては大統領職は自分の宿命だという自覚が生まれる。(2)支配勢力の派閥政治、個人的な競争によって決まる。(3)国際的なパートナー（ワシントン、北京、ブルッセル、ロンドン、東京、キャンベラ、モスクワ）からの外部圧力・励ましによって決まってくる。よって、3つのシナリオが描けるという。第1は最も実現可能性が低いが、肘掛椅子に深く腰かけて、若者に優しいおじさんのイメージから、押しが強く、野望が強い人物へと変身していくというものである。マルコスが前例がない勝敗の差でもって、勝利し、頼りがいのある人物として立ち現れるとしたら、イメージとは異なり、自分の足で立った人物像を見せても不思議ではない。

第2に、マルコス一家がドゥテルテ一家やその他の有力者と共存する「カルテルシナリオ」がある。このシナリオはより予想可能で、漸進主義的であり、「提携者」的な指導体

(40) https://opinion.inquirer.net/151276/marcos-jr-presidency-three-possible-scenarios 同日閲覧

制である。反動的勢力の中で、同意を得て、妥協を見つけていく方法である。

第3に、マルコスがもっときわどい差で大統領に選ばれ、断固として統一した反対勢力、あるいは民主主義を求める勢力と対峙した場合である。中国との西フィリピン海の領土問題では　マルコスは2016年にフィリピンが国際仲裁裁判所で勝った際の主張が正しいと主張している。[41]漁民や市民はそれを支援しているが、漁民の主張に迫られて、マルコスはどうするか。現職ドゥテルテの「麻薬戦争」のより血なまぐさくない捜査方法をマルコスは模索しているとされるが、果たしてそうした方法をとるだろうか。（翻訳終了）

現実には第3のシナリオは遠くなった。決定的な差をつけて、マルコスは勝ったのだ。第1を中心に、第2も入って現実は展開されているようだ。実際、ドゥテルテ前大統領の「麻薬戦争」をどう扱うか、という政治的課題に対して、サラとロドリゴというドゥテルテ一家との共存がみられる。マルコス家の不法取得財産の返却問題では姉・アイミー（上院議員）、母イメルダ、長男サンドロ（下院議員）を含めたマルコス家と「提携者」の立場をとる。こうしたファミリーを通じた政策はその政策が決定されるプロセスがあまり表だって出てこないが、関係者の証言などで跡付けられよう。

また、9月にマルコス大統領が初の外遊先インドネシア、シンガポールを訪れた。留守中、サラが大統領代行を務めた。サラは国軍の指揮官と会談し、国家の敵＝テロリストや

（41）https://asianews.network/marcos-stand-on-west-philippine-sea-a-welcome-sea-change-carpio/　2022年9月5日閲覧

犯罪者を徹底的にたたくように命じた[42]。テロリストとはミンダナオのイスラム勢力、フィリピン共産党、新人民軍を含む。ドゥテルテが外遊をしても当時の副大統領ロブレドが代役を果たしたり、何か政治的なメッセージを出せなかったのと対極的だ。副大統領といっても、敵対する強大な大統領を前に、何の権限も持っていなかった。一方、今回サラはマルコス代役を果たした。二人三脚的行動であり、マルコスよりも父親ドゥテルテ式の発言だ。マルコスの二人三脚的行動は当面は続くだろう。

（42）https://www.manila-shimbun.com/category/english/news266380.html　2022 年 9 月 6 日閲覧

あとがき

この本はフィリピンについて、日本との関係を含めて戦争、賠償協定、ＯＤＡ（政府開発援助）、人の流れ、政府の現状を論じたものである。自分の関わりを含めて歴史を振り返った。

コロナ感染がのしかかる中で、フィリピンの政治は２０２２年5月の大統領選挙を迎えた。２０２１年10月には大統領選の候補が選挙管理委員会に届を出し、誰が出るか、公になった。そして、マルコスが勝利した。

日本とフィリピンの関係はどうなるか。それに答えるのは難しい。菅・前首相は日本とフィリピンの国交回復65周年記念に合わせてビデオ・メッセージを発し、日本とフィリピンの関係は今や黄金の関係にある、中国をにらんで、インド太平洋の時代になると述べた。(1) 日本が提供する円借款プロジェクトとして、マニラ首都圏の地下鉄工事に２５００兆円が約束された。(2) 日本が「援助」を提供する立場は変わらない。２０２１年11月に岸田文雄氏が首相に選ばれ、ドゥテルテ大統領と電話会談した時も同様だった。このあたり、３つほど、最近の事例を紹介して、答えに代えたい。

(1)『まにら新聞』2021 年 7 月 29 日。
(2) 同上。

まず、コロナ禍のもと、多くの日本人が臥薪嘗胆し、開催中止を求める世論が強かった中、日本政府・組織委員会は東京オリンピックを強硬した。2021年7月23日に強硬開催された。日本が地の利を生かして、コロナ禍で一部参加選手が限られる条件下、金メダル・ラッシュ的状況にある一方、史上初めてフィリピンの選手が金メダルを取った。重量挙げ女子55kg級のハイディリン・ディアス選手（31歳）である。母国に帰ったディアス選手はさっそくドゥテルテ大統領に会って、国から賞金1000万ペソ（2650万円）、大統領府から300万ペソ（795万円）を受け取った。故郷のサンボアンガ市に家具調度付きの住宅も約束された。その他、MVPスポーツ基金、サンミゲル社からそれぞれ1000万ペソの賞金が贈られるほか、実業家でもあるマイキー・ロメロ下院議員が300万ペソ、サンボアンガ市が250万ペソ、「第3の通信事業者」ディトのデニス・ウイ氏が500万ペソを贈ることを表明しており、賞金だけで4000万ペソ（1億600万円）以上を受け取ることになる。複数の企業からコンドミニアムや住宅計3戸、フィリピン航空とエア・アジアからは生涯運賃無料などの賞品が贈られるという。(3)

日本の場合、日本オリンピック委員会（JOC）から、金メダルで500万円、銀メダルで200万円、銅メダルで100万円、各スポーツ団体から5000万円から300万円ほど報奨金がもらえるという。0円は日本柔道協会である。(4) フィリピンの方が企業が多

(3)『まにら新聞』2021年7月29日。
(4) https://venture-finance.jp/archives/3844。2022年3月22日閲覧。

く協賛しており、金メダルの重みがある。１個獲ったら一生遊んで暮らせるほどだ。フィリピン政府や企業はどこか気前がいい。この気前の良さが国民全体に対して、向いているか。それはないだろう。国民は額に汗して、働き続ける。最近の諸物価高騰の中でも"Bahala na."「バハラ・ナ」（フィリピン語で「神に任せた」）。明日は明日の風任せ」といって、働くしかない。

次に、気になる統計がある。フィリピンの人口である。２０２０年に１億９０３万人に達した。２０１５年の１億98万人から約８００万人増えた。[5] ２０２０年10月１日現在日本の人口は１億２６２２万人で、前年より86万人減少したという。[6] 日本が世界11位、フィリピンが第12位である。この勢いで行くと、２０２８年にフィリピンの人口は１億２３００万人になり、目減りした日本を抜くという。今から６年後はそう遠くない。年齢の中央値（１番多い年齢）がフィリピン23歳、日本が46歳。息子と親みたいな年の差である。日本の高齢化社会、少子化が原因である。フィリピンは若い人口が中心である。

日本は金持ちの国だと世界中に思われているが、国債依存の財政でやりくりしている。円借款の形で、世界にお金を貸して、その返金、利子で経済を維持している部分がある。世界の金持ち国として、円借款に頼る国がいる限り、その地位は揺るがない。しかし、それに頼らない国が増えてくれば、日本はどうなるだろうか。中国が２０１３年創設したアジアインフラ投資銀行（ＡＩＩＢ）のように、中国の元《げん》の貸付額が増えていけば、日本は

(5) https://www.jetro.go.jp/biznews/2021/07/162abd5a930a5a52.html　2022年3月21日閲覧。
(6) https://www3.nhk.or.jp/news/html/20210625/k10013102881000.html　2022年3月22日閲覧。

どこに利益を求めたらよいのか。フィリピンも円借款だけに頼っているわけではない。今後、中国からフィリピンへの貸し付けが増えたならば、日本の豊かさの根幹が揺らぐ可能性がある。だから、日本政府はフィリピンの「ビルド、ビルド、ビルド」的なインフラ事業は大歓迎なのである。マルコスに代わって、ドゥテルテのインフラ政策は受け継ぐらしいが、日本政府はほっと一息ついていることだろう。フィリピンが旧来の援助国のままであってくれることを日本政府は願っている。援助国として、資金を受け取り、その資金を利子をつけて返してくれれば、何の文句も言わないのだ。

3つめはアメリカとの関係を含む国際関係である。日本は日米安全保障条約のもと、アメリカとの軍事同盟関係を結び、日本に外敵からの攻撃があった場合、対処するため、アメリカ軍の駐留を認めている。[7] 2022年2月ロシアのウクライナ侵略により、いっそうアメリカ軍への依存を高める論調が高まっている。さらに、アメリカ軍は朝鮮半島の「平和維持」のため、韓国とも軍事同盟を結び、韓国内に軍隊を駐留させている（米韓相互防衛条約。1953年）。日本の仮想敵国は中国と北朝鮮である。最近、ロシアも入ってきた。

一方、フィリピンはアメリカ軍基地を1991年上院の決議によって追い出したものの、その後、1998年に「訪問米軍地位協定」（VFA）を結び、アメリカとの軍事演習を認め、軍事援助を引き出している。中国との西フィリピン海の領有をめぐっては、

（7）https://www.mod.go.jp/j/presiding/treaty/anpo/anpo.html　2022年3月22日閲覧。

2016年アキノ政権は、オランダのハーグにある常設仲裁裁判所から、中国が海洋法違反である、その領土的主張は認められないと、判決を勝ち取った。しかし、中国は裁判所の判決は無効だと主張、西フィリピン海に船団を送り、領土的主張を拡大した。これに対し、ドゥテルテ政権に代わったフィリピンは領有権問題を棚上げして、中国と仲直りし、2020年からコロナワクチンを無償で提供された。日本とも、インド太平洋の航行の自由をめざすという趣旨で、巡視艇計5隻を円借款で受け取った。そして、日本のインフラ事業への「協力」は前述のとおりである。

しかし、アメリカ軍基地は追い出している。そして、アメリカ空軍基地の施設を利用したクラーク空港のように跡地利用はうまくいっている。中国と仲良くしながら、アメリカ政府の意向から自由に外交を展開する。「兄弟よりも親しい友人」として日本とも外交を維持する。マルコスになっても、2016年裁判所の判決は中国によって、拒絶されただけに、意味がない、中国と2か国間条約を結んで改善をはかるとした。フィリピンと中国との2国間の問題なので、米国は干渉しても失敗するだけであるという(8)。といってもフィリピンはアメリカとの軍事的協力関係は維持している(9)。

他方、日本は援助国の立場から、フィリピンに「援助」を供与せざるをえない。アメリカとの外交関係が最優先されつつ、フィリピンやインドには援助国のポーズをとりつづけなければならない。いつまでもつか。窮屈な立場である。こうして、改めて、国際関係も

(8) https://thediplomat.com/2022/01/philippines-marcos-to-pursue-bilateral-deal-with-beijing-over-south-china-sea/ 同日閲覧
(9) https://www.manila-shimbun.com/category/english/news266382.html 同日閲覧

見ておかねばならない。

この本は、フィリピンとの戦争、賠償、援助関係、人流、そして今の大統領選といった具合に、フィリピンに関心を持っている人を対象に書いた。日本の戦争責任、援助に関心を持っている人にも読んでもらいたいと思う。いずれにせよ、フィリピンと日本との関係が一番大きな物語である。

この本の戦争責任論は内海愛子先生の持論、つまり、アジアの戦争被害者の証言は戦争が過去のものではない、という事実をフィリピンに引き寄せて書いた。そして、私の恩師の村井吉敬先生が徹底的に追及された日本の政府開発援助をフィリピンの例をもとに再考した。その意味で、この本を内海先生と村井先生にささげたい。

この本の生まれるきっかけを述べたい。１９９５年、梨の木舎が日本の侵略戦争をテーマに『図説アジア太平洋戦争』（仮題）を内海愛子・恵泉女学園大学教授（当時）を編者にして本をまとめようとし、日本のフィリピン占領・戦後賠償を私が担当したが、その企画は滞った。その後、当時の原稿を含めて復活できないか、２０２０年に出版社に相談した。内海先生のご意見として、私の好きなようにまとめていただきたいとのことで、ODA、日本との人流、政権の現状を書き足して、出版することにした。梨の木舎の羽田ゆみこさん、内海愛子先生にお礼申し上げる。編集においては、梨の木舎・長谷川建樹氏、D

TP（Desktop Publishing）の永田眞一郎氏、デザイナーの宮部浩司氏のお世話になった。また、この本は2022年度名古屋学院大学研究叢書の適用を受けた。大学・総合研究所の鈴木隆所長、北澤香代子課長、星野朱子職員、研究所委員会の近藤泉委員に感謝の気持ちを表したい。

最後に学内外の業務に追われる中、励ましてくれたパートナーのメアリー・アンジェリン・ダアノイにもフィリピン語でMaraming salamat!（どうもありがとう）と述べさせてもらいたい。

佐竹眞明

二〇二二年十二月

【資料】

日本国とフィリピン共和国との間の賠償協定（日比賠償協定）

署名　一九五六年五月九日（マニラ）
発効　一九五六年七月二三日（マニラ）

日本国およびフィリピン共和国は、

千九百五十一年九月八 日にサンフランシスコ市で署名された日本国との平和条約の規定の趣旨に従って行動することを希望して、

この賠償協定を締結することに決定し、よって、次のとおりそれぞれの金権要員を任命した。

（中略）

これら全権委員は、互に全権委任状を示してそれが良好妥当であると認められた後に、次の諸条を協定した。

第一条　日本国は、現在において千九百八十億円（一九八、〇〇〇、〇〇〇、〇〇〇円）に換算される五億五千万合衆国ドル（五五〇、〇〇〇、〇〇〇ドル）に等しい円の価値を有する日本人の役務および資本財たる日本国の生産物を、以下に定める期間内に、及び以下に定める方法により、賠償としてフィリピン共和国に供与するものとする。

第二条　前条に定める役務および生産物供与は、この協定の効力発生の日から十年の期間においては、現在において九十億円（九、〇〇〇、〇〇〇、〇〇〇円）に換算される二千五百万合衆国ドル（二五、〇〇〇、〇〇〇ドル）に等しい円の年平均額により、次の十年の期間においては、現在において百八億円（一〇、八〇〇、〇〇〇、〇〇〇円）に換算される三千万合衆国ドル（三〇、〇〇〇、〇〇〇ドル）に等しい年平均額により行うものとする。ただし、この後の期間は、両政府間の合意により十年より短い期間に短縮することができるが、未供与分は、その短縮された期間が満了するまでに完全に供与されなければならない。

第三条　1　賠償として供与される役務及び生産物は、フィリピン共和国政府が要請し、かつ、両政府が要請し、かつ、両政府が合意するものでなければならない。これらの役務および生産物は、この協定の付属書に掲げる計画の中から選択される計画に必要とされる項目からなるものとする。ただし、フィリピン共和国政府が付属書に掲げる計画以外の計画に充てるため要請する項目は、両政府間の合意により、賠償として供される役務および生産物に含めることができる。

2　賠償として供与される生産物は、資本財とする。ただし、フィリピン共和国政府の要請があったときは、両政府の合意により、資本財以外の生産物を日本国から供与することができる。

（以下略）

佐竹眞明（さたけ　まさあき）
1957年東京都に生まれる
名古屋学院大学国際文化学部教授（フィリピン研究・開発・移民）
主な著書・論文
・『フィリピンの地場産業ともう一つの発展論　鍛冶屋と魚醤』明石書店、1998
・*People's Economy-Philippine Community-based Industries and Alternative Development*, Solidaridad Publishing House and Literary Society, Shikoku Gakuin University: Manila and Kagawa, 2003
・『フィリピン－日本国際結婚――移住と多文化共生』（メアリーアンジェリン・ダアノイとの共著）、めこん、2006
・「四国の山村における国際結婚―フィリピンからの『小さな民』の生き方」『小さな民のグローバル学――共生の思想と実践をもとめて』（甲斐田万智子、長津一史、幡谷則子との共編著）、上智大学出版、2016
・『国際結婚と多文化共生―多文化科属の支援にむけて』（金愛慶との共著）、明石書店、2017
・『ひとつの国、一つの民俗-フィリピンの歴史教科書』（仮題　共訳書）、明石書店、2023（予定）

フィリピンと日本
――戦争・ODA・政府・人々

2023年2月20日　　初版発行

著　者：佐竹眞明

装　丁：宮部浩司

発行者：羽田ゆみ子

発行所：梨の木舎

〒101-0061 東京都千代田区神田三崎町2-2-12 エコービル1階
TEL.　03(6256)9517　FAX.　03(6256)9518
Eメール　info@nashinoki-sha.com
http://nashinoki-sha.com

ＤＴＰ：具羅夢

印　刷：株式会社 厚徳社

教科書に書かれなかった戦争

㊾ 画家たちの戦争責任

——藤田嗣治の「アッツ島玉砕」をとおして考える

北村小夜 著

1943 年のアッツ島玉砕の後、藤田の絵は、大東亜戦争美術展に出品され全国を巡回した。東京の入場者数は 15 万人、著者も絵を観て奮い立った一人だった。

978-4-8166-1903-8
A5／140頁　1,700円+税

㊿ 慈愛による差別

新装
増補版

——象徴天皇制・教育勅語・パラリンピック

北村小夜 著

東日本大震災と五輪誘致で「みんな化」が進み、日本中に同調圧力と忖度が拡がっていかないか。

978-4-8166-2003-4
46判／258頁　2,200円+税

⑺ 対決！安倍改憲

東北アジアの平和・共生と新型コロナ緊急事態宣言

高田 健 著　『週刊金曜日』連載　2017～2020 年

市民と野党の共同の現場からの熱い報告。
分断を乗り越え、日韓市民の運動の連携を実現した 30 カ月の記録。

978-4-8166-2004-1
A5判／173頁　1,600円+税

⑻ 村井宇野子の朝鮮・清国紀行

日露戦争後の東アジアを行く

内海愛子【編／解説】

漱石よりも 3 年前だった。新たな「帝国の版図」を、日本人女性が歩いた、軽便鉄道、軍用鉄道を乗り継ぐ全長 8700 キロの旅。図版多数

978-4-8166-2106-2
A5判／186頁　1,800円+税

教科書に書かれなかった戦争

⑬戦争花嫁 ミチ

——国境を越えた女の物語

田村恵子 著

オーストラリア人兵士との出会いと結婚。日本人戦争花嫁たちが持っていた冒険心と好奇心、周囲に惑わされない独立心が、新しい挑戦に向かわせた——。

978-4-8166-2204-5
四六判／192頁　1,700円+税

---

⑭敵対から協力へ

——ベトナム戦争と枯れ葉剤被害

著者：レ・ケ・ソン　チャールズ・R・ベイリー　翻訳：北村元・他 著

戦争は最大の環境破壊だ！ 戦争終結47年後の今もエージェントオレンジ／ダイオキシンは人と自然を破壊し続けている。かつての敵2人の研究者が、世界へ発信する。

978-4-8166-2205-2
A5判／281頁　2,800円+税

倒せ独裁！

——アウンサンスーチー政権をつくった若者たち　山本 博之 著

民主化を求めて投獄されたビルマ（ミャンマー）の若者たちは、「獄中図書館」を開いた。むさぼるように学ぶことから、独裁政権への反撃は始まる。長い投獄の間に読み、学んだ若者たちが、釈放後、メディアや人権団体に加わって、再び声を上げ始める。

978-4-8166-1606-8
四六判／269頁　2,000円+税

ひろがる ベトナム希望 レストラン

循環する支援　ベトナムの子どもたちとの25年』

ふぇみんベトナムプロジェクト25周年記念誌編集委員会 編著

希望の村は民営で、その運営費の多くは寄付で賄われているが、2015年突然、大口の寄付がストップし、収入が激減した。留学生たちは心配し「私たち自身で子どもたちの支援をしよう」とアイディアを出し合い、「ベトナム希望レストラン」が生まれたのだ。

I978-4-8166-2105-5
A5判／ 160頁　定価1,500円＋税